PLATES

天天好状态 普拉提

[法] 珍妮特 · 阿马托 著　朱文婧 译

大连理工大学出版社　辽宁科学技术出版社
LIAONING SCIENCE AND TECHNOLOGY PUBLISHING HOUSE

图书在版编目（CIP）数据

普拉提 / (法) 珍妮特・阿马托著 ；朱文婧译. 大连 ：大连理工大学出版社 ；沈阳 ：辽宁科学技术出版社，2025. 6. -- (天天好状态). -- ISBN 978-7-5685-5738-2

Ⅰ. G883

中国国家版本馆 CIP 数据核字第 20253QZ383 号

大连理工大学出版社出版
地址：大连市软件园路 80 号　邮政编码：116023
营销中心：0411-84707410 84708842　邮购及零售：0411-84706041
E-mail：dutp@dutp.cn　URL：https://www.dutp.cn

辽宁星海彩色印刷有限公司印刷　大连理工大学出版社发行

幅面尺寸: 168mm × 235mm　印张: 6　字数: 90 千字
2025 年 6 月第 1 版　2025 年 6 月第 1 次印刷

策划编辑: 迺东敏　责任编辑: 张晓燕
责任校对: 董　静　封面设计: 刘润孟

ISBN 978-7-5685-5738-2　定　价: 48.00 元

本书如有印装质量问题，请与我社营销中心联系更换。

目　录

引　言

什么是普拉提？

这是由约瑟夫·普拉提创立的训练法，旨在保养、康复和强化身体。其目的是让身体“像希腊柱子一样结实，像猫一样灵活”。这套方法包含500多种练习，本书将会介绍其中的50多种用来训练呼吸、放松、控制力、身体正位、核心力量及流畅性。但普拉提不只是一种放松，因为从一开始，身体就会被引导进入一种充满能量的活力状态。

1. 谁适合练习普拉提？

普拉提不仅仅针对舞者，运动员和非运动员——如音乐家、孕妇、老年人、关节疼痛患者等都可以进行练习。只要找到适合自己的练习节奏，就能从中受益。此外，普拉提也经常用于受伤后的康复训练。

2. 练习的益处

通过普拉提的四项基本运动（屈曲、伸展、侧屈和旋转），您将更好地认识自己的身体，尤其是脊柱的整体性。您将学会感受身体核心和各部位之间、脊柱与四肢（手臂和腿部）的紧密联系，更能体验身心之间的和谐一致。定期练习将帮助您：

- ☑ 纠正不良姿势，保持良好的体态
- ☑ 提升身体感知力，了解自己的力量和极限
- ☑ 放松、收紧、拉伸、强化深层肌肉
- ☑ 改善呼吸能力
- ☑ 按摩内部器官，改善血液循环
- ☑ 缓解疼痛，尤其是背部疼痛
- ☑ 改善消化系统功能，提高睡眠质量
- ☑ 缓解身心压力

通过长期的普拉提练习，您能感受到上述有益身心的效果。

约瑟夫·普拉提是谁？

约瑟夫·普拉提1883年出生于德国，自幼体弱多病，患有哮喘。可能正是这种虚弱的体质促使他研究解剖学，探索达到最佳身体状态的方法。他也因此成了一名出色的运动员。从瑜伽、武术，甚至拳击等各种学科中汲取灵感，他发明了一系列练习并设计了器械，目的是纠正不良姿势并和谐地强化身体，创造了现在被称为**“普拉提”**的训练体系。

特别是，他想到利用医院病床的弹簧让病人躺着进行康复训练，这是他后来发明的器械的起源。

与杰罗姆·安德鲁斯（Jerome Andrews）的相遇

1923年移居纽约后，约瑟夫·普拉提开设了一个工作室，在那里训练和康复专业舞者，以此来提高他们的身体觉知和控制力。

在约瑟夫·普拉提的帮助下，舞者兼编舞**杰罗姆·安德鲁斯**在受伤后恢复了全部机能。由此，安德鲁斯意识到了这套练习方法的价值，将其融入自己的教学中并不断创新。

他结合自身的舞蹈与编舞经验，在普拉提的基础上进行拓展，使其能够支持舞者在空间中的流畅移动。他的方法自然流畅，使身体在舞蹈中更具表现力，而传统普拉提则更偏向“肌肉训练”。

正是杰罗姆·安德鲁斯将普拉提引入法国，而本书的灵感正是源自他的教学体系。

普拉提呼吸法

在普拉提练习中，呼吸至关重要，它能帮助我们集中注意力，提高动作的控制力。普拉提的呼吸方式并非腹式呼吸，而是肋间呼吸，这种呼吸方式有助于保持核心稳定，同时让身体获得足够的氧气。然而，对于初学者来说，更重要的是保持顺畅、深长的呼吸，而不是过度关注如何正确呼吸。随着练习的深入，呼吸控制会逐渐自然地融入动作之中。

如何正确呼吸？

- **吸气时**，始终通过鼻子进行，让空气充分填满肺部，包括肺的下叶，尤其是两侧肋腔和后侧肺部（靠近浮肋区域）。想象您的肋骨像手风琴一样向外扩张。请注意，肩膀不应上耸，胸腔也不要前倾，而是始终保持与骨盆对齐。在某些动作中，抬高手臂或打开手肘有助于扩张胸腔，使吸气更加顺畅。

  为了更好地感受这种呼吸方式，可以将双手轻放在肋骨两侧，感受肋骨在吸气时向外扩张。

- **呼气时**，通过嘴巴进行，并主动收紧腹部肌肉。当完全呼气后，吸气会自然发生。

- 在普拉提练习中，一般来说吸气伴随发力，但不同练习可能有不同的呼吸方式。本书的练习会标明何时吸气或呼气，如未特别注明，则可以按照自己的节奏自由呼吸。

如何使用这本小册子？

练习环境及所需装备

练习在瑜伽垫上进行，穿舒适的服装。选择一个足够厚的瑜伽垫（至少2厘米厚），并在通风良好但温暖最好是平整、光滑的木地板的房间内进行练习。在天气好的时候，可以在户外练习。

辅助工具

在一些普拉提工作室，还可以使用各种名称独特的器械（普拉提床、普拉提椅、凯迪拉克床、桶形训练器等）进行各种练习，有时还会使用辅助工具（球、木棒、弹力带等）。

参加由认证教练教授的课程来检验您的进步也是个不错的起步方式。

您是初学者吗？开始练习吧：仔细遵循指示并观察动作图示。在开始每个练习之前，先通读整个动作流程。如果一开始不能完成所有动作，别灰心，可以从最简单的变体开始。如果感到疼痛，不要勉强练习，过几天仔细重读练习说明后再试试……不要太强迫自己！

如果您已经有练习经验了，本书将帮助您回忆、复习一些动作，检查动作要点并直观地理解每个练习的正确姿势。最重要的是，如果您正在上课，**本手册可以是您在课后独自练习的教练**！

➡ **练习频率？**理想情况下，应该每天练习，但每周两到三次就很棒了。

➡ **练习多长时间？**理想情况下60分钟，但有规律练习的话45分钟也足够了。总之，规律练习比单次时长更重要。

➡ **每次练习多少个动作，哪些动作？**本手册中的练习按照真正训练课程的顺序呈现。如果全做一遍（当然，不包括变体），就是一次完整的训练。然而，如果您是初学者，这个序列会太难。开始时，专注于执行7种核心基础练习（见第9~10页）。

如何安排一次训练？

- 我们在此提供**轻松而简单的方法**来带您入门。尝试这些练习，注意它们对您身体产生的效果。为了获得最佳效果，请按建议的顺序练习，尽可能地遵循指示。

- **请务必先完成核心基础练习**（见第9～10页），然后根据您的时间安排其他练习（可在一天中的不同时间段增加额外的练习），但请始终按照书中的顺序练习，且务必从“百次拍击”开始。

- **开始训练前**，仰卧并尽可能自然地伸展（就像刚醒来一样），手臂伸展过头顶。这个动作类似全身伸懒腰，能为开始练习做好准备。

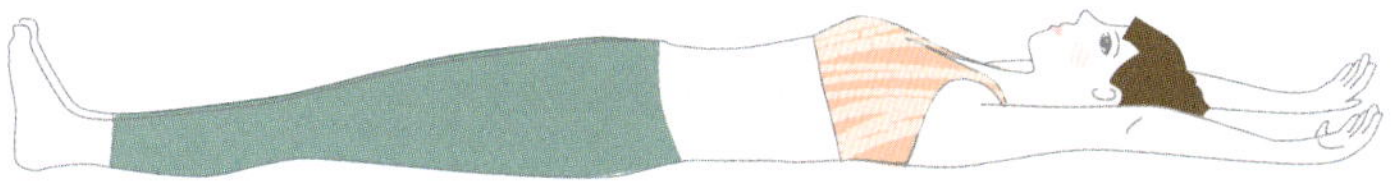

- **集中注意力**：专注于动作及做动作的过程是很重要的。

- 在整个练习过程中，**腹部保持收紧**，但不要过于僵硬、紧绷。

➡ **每个练习结束后，**稍事休息，让自己调整呼吸，并感受练习对您产生的效果，但停顿时间不要太长，以免身体冷却及打断练习的流畅性。

在两个练习之间，特别是脊柱伸展练习之后，通常应回到以下两个位置：

四足跪姿

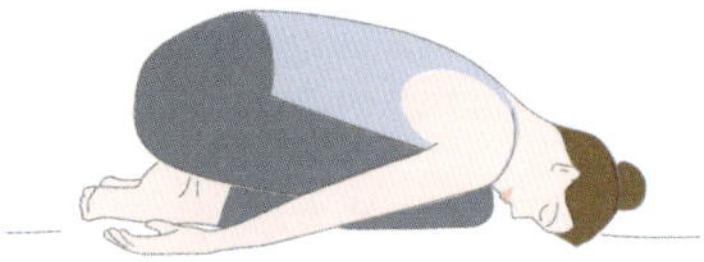

婴儿式

练习的起始姿势

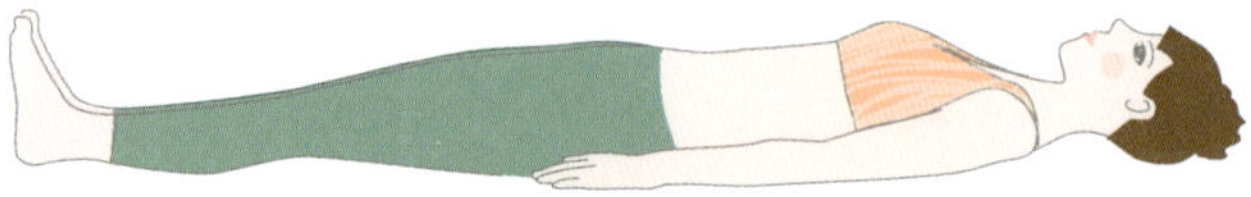

仰卧位

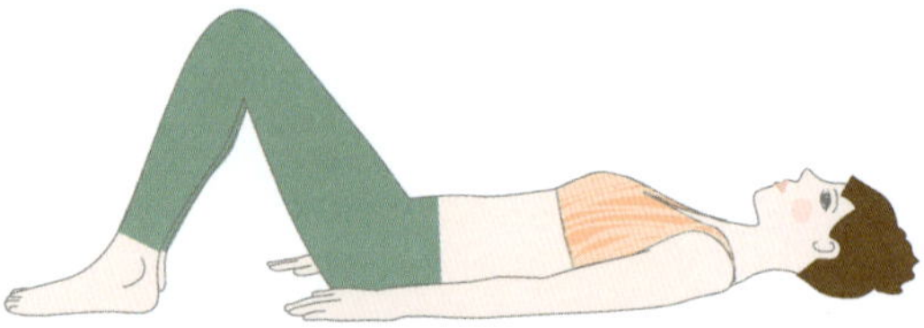

仰卧屈膝位

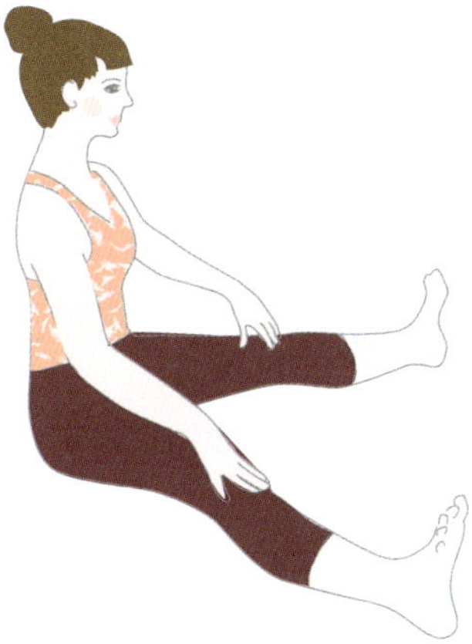

坐姿腿伸直

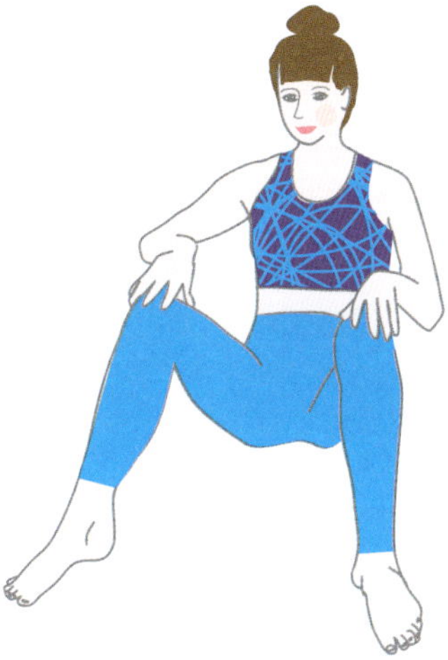

坐姿屈膝

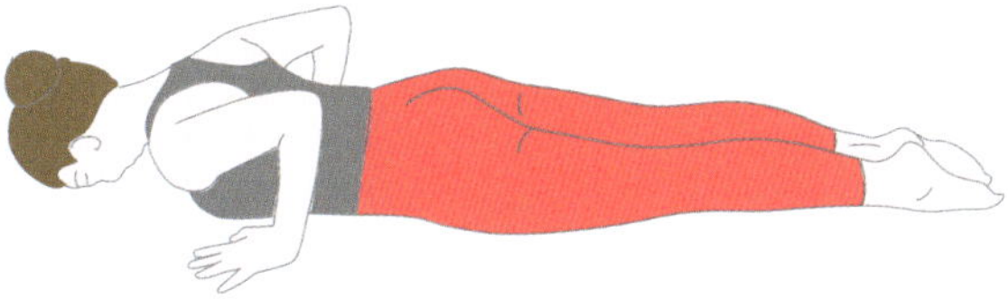

俯卧位

基础训练方案

基础训练：7种核心基础练习

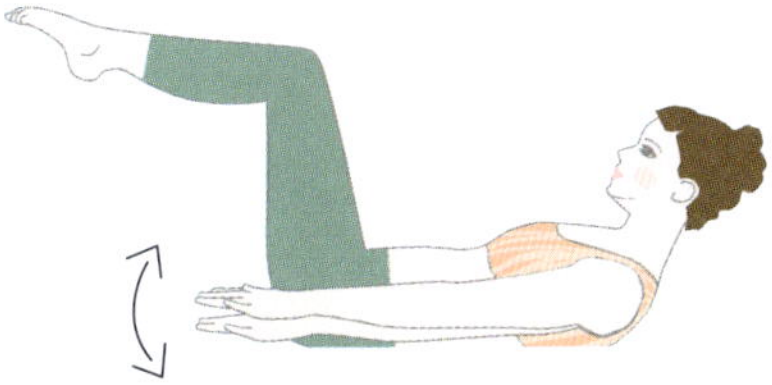

1百次拍击：所有训练的起点，平衡身体张力 第18页

2仰卧卷腹 第24页

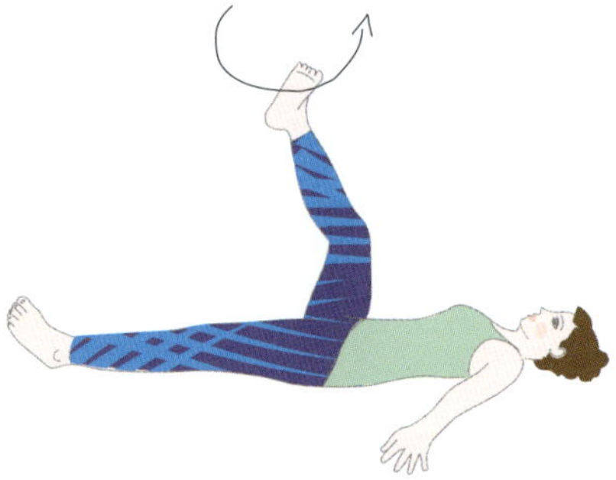

3 单腿画圈 第28页

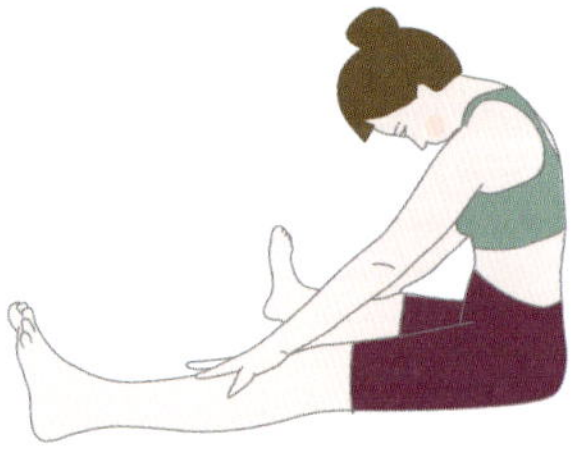

4 脊柱前伸 第38页

5 坐姿脊柱扭转 第41页

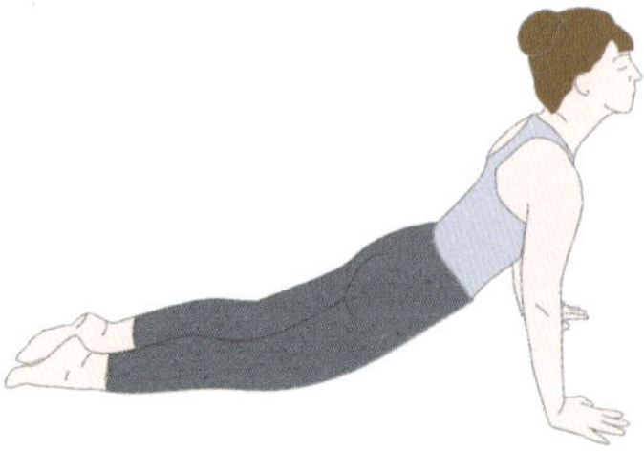

6 眼镜蛇式 第71页

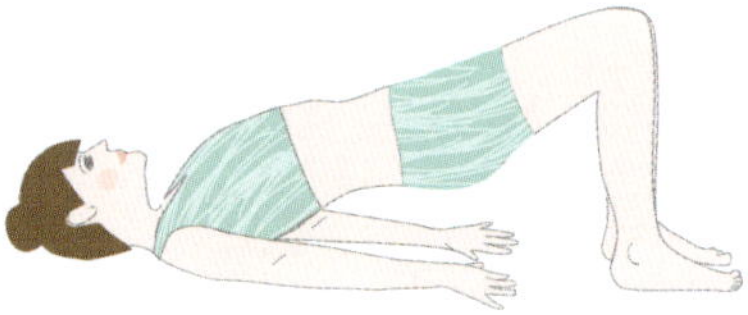

7 桥式 第86页

尝试其他练习之前，先掌握这些基础动作。

四季训练建议

在冬季，必须缓慢进行练习：由于天气寒冷，肌肉会收缩，必须深呼吸，放慢节奏。春季及夏季，可以加快每次练习的节奏。

晨间训练建议

在早晨，几乎可以做所有练习。最理想的情况是做一套充满活力、节奏有力、能唤醒身体的训练。

例如：

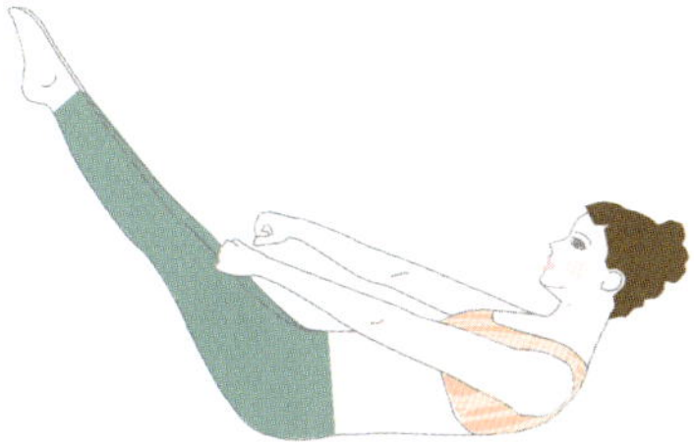

1 百次拍击 第18页

2 仰卧卷腹 第24页

3 单腿画圈 第28页

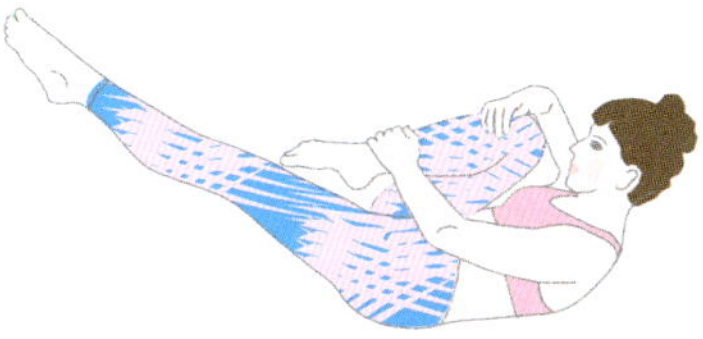

4 单腿伸展 第30页

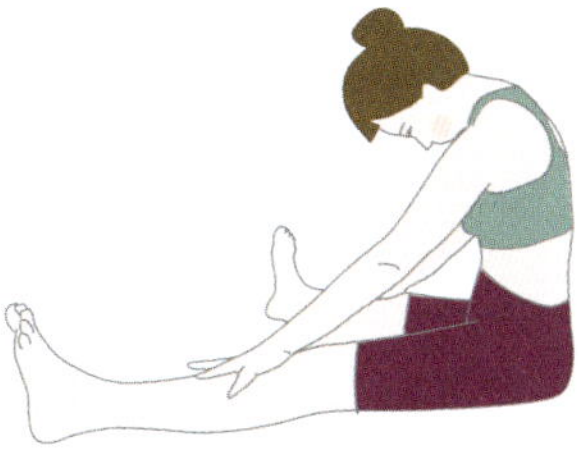

5 脊柱前伸 第38页

6 坐姿脊柱扭转 第41页

7 眼镜蛇式 第71页

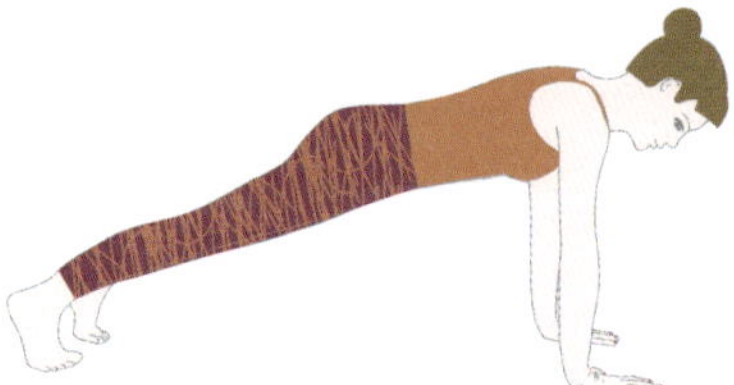

8 平板支撑式 第74页

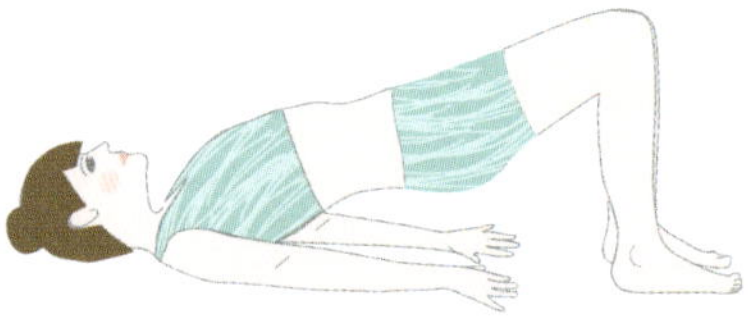

9 桥式 第86页

晚间训练建议

晚上，节奏应更缓慢，为睡眠做好准备。根据您的时间安排，可以在基础练习之外增加一些动作：

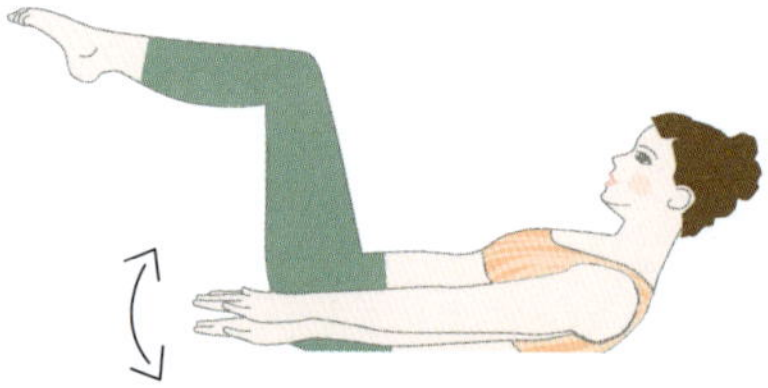

1 百次拍击 第18页

2 仰卧卷腹 第24页

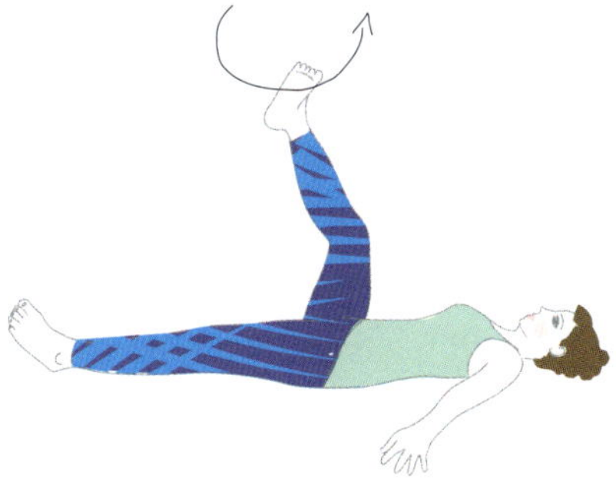

3 单腿画圈 第28页

4 脊柱前伸 第38页

5 脊柱画圈 第39页

6 坐姿脊柱扭转 第41页

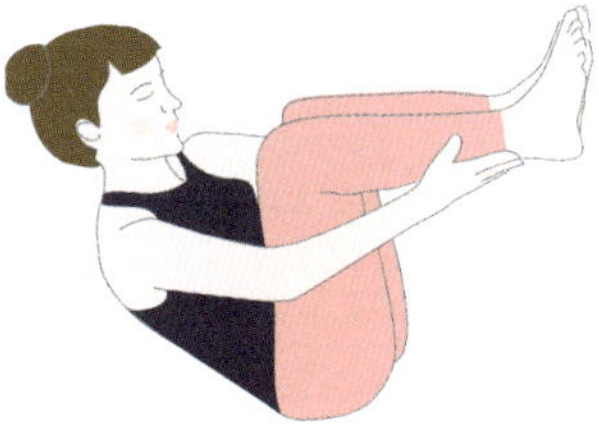

7 双腿并拢滚动 第50页

8 坐姿脊柱旋转 第63页

9 猫式变体 第58页

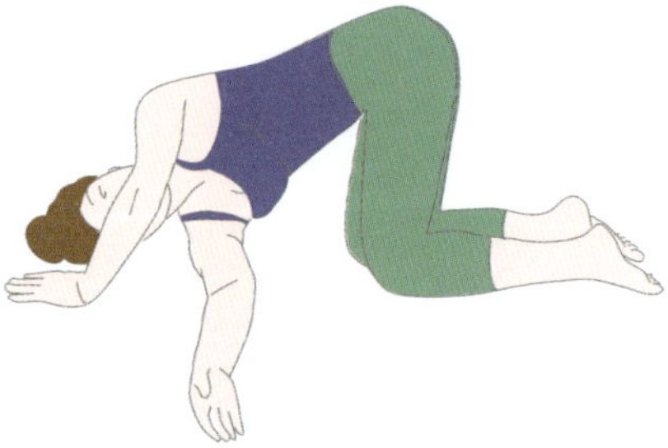

10 穿针式 第65页

11 下犬式 第69页

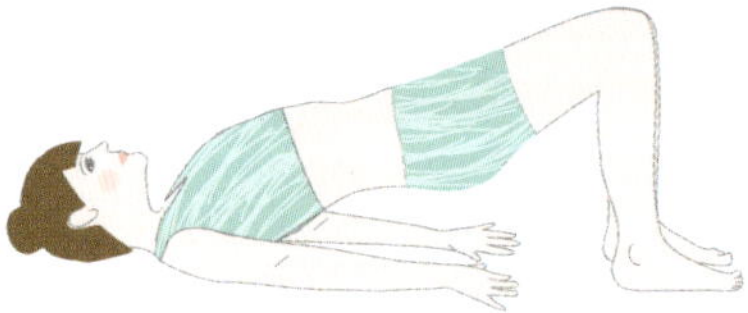

12 桥式 第86页

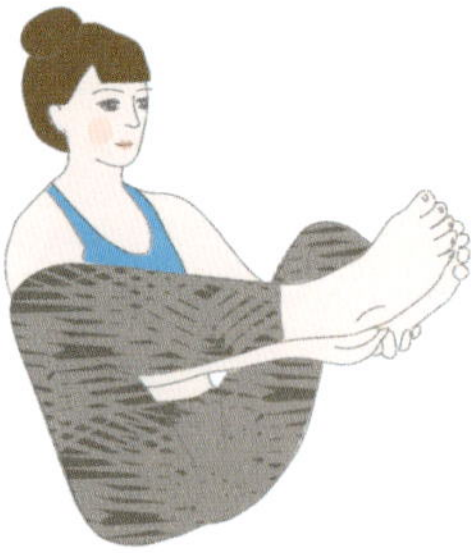

13 海狮式 第84页

在每两种练习之间都要再回到婴儿式，同时重点做有助于睡眠的屈曲动作（仰卧卷腹）或有助于消化的单腿画圈。晚上需要避免进行眼镜蛇式深度伸展或平板支撑等激发活力的练习。多做屈曲，少做伸展。

婴儿式

缓解背痛训练建议

注意，如果您患有椎间盘突出，应避免过度伸展和屈曲。避免极端姿势！

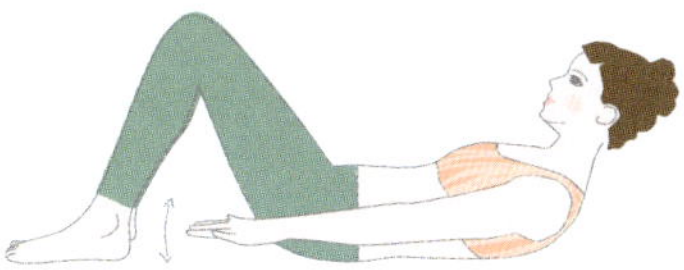

1 百次拍击 第18页

2 仰卧卷腹 第24页

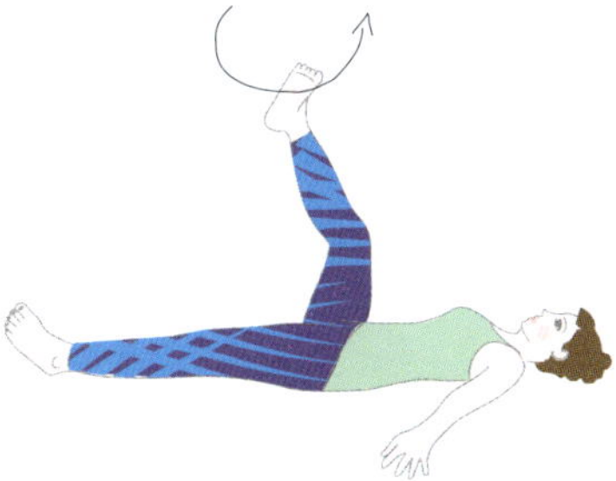

3 单腿画圈 第28页

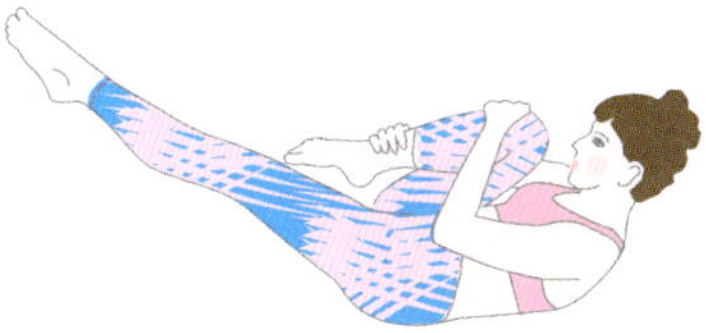

4 单腿伸展 第30页

5 双腿分开滚翻式 第52页

6 脊柱前伸 第38页

7 钟摆式 第54页

8 坐姿脊柱旋转 第63页

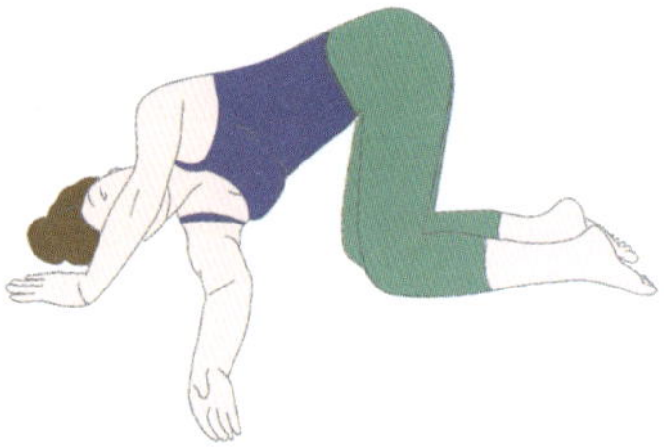

9 穿针式 第65页

10 下犬式 第69页

长时间面对电脑工作后的必做练习

当您在电脑前坐得太久，特别是长时间使用笔记本电脑后，常会感到肩膀、手臂、上背部疼痛。以下是几组可以在家练习的动作，可帮助缓解肌肉紧张和酸痛：

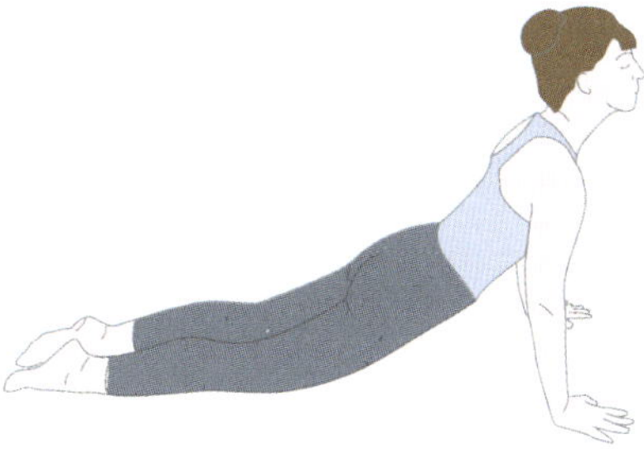

1 眼镜蛇式 第71页

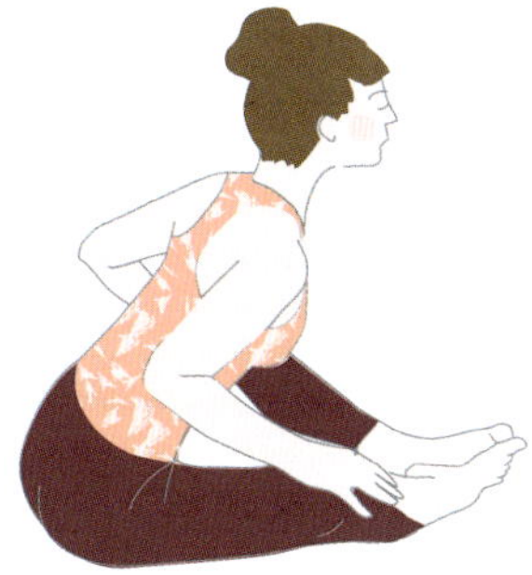

2 脊柱屈曲 第32页

3 脊柱画圈 第39页

4 坐姿脊柱扭转 第41页

百次拍击（The hundred）

——基础动作

这一经典的普拉提动作是训练开始的绝佳热身练习，能够同时激活身体和精神，有助于强化深层核心肌群。完成这样一个结合热身和呼吸的练习后，身体已准备好迎接所有挑战！此外，它还能帮助您排除杂念、缓解压力，让身心更专注于练习。

这个动作有多种难度不同的变体。在练习后的数小时内，您都能感受到身体的活力和精神的专注。

难度 1　百次拍击准备

1. 仰卧在地面上，双腿弯曲，双脚着地，双臂放在身体两侧，手掌贴地。

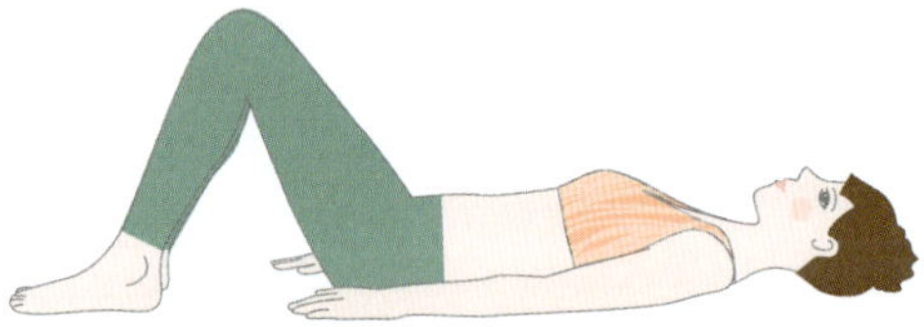

2. 保持手臂伸直，将其抬离地面约20厘米。双臂快速上下小幅度拍打，不要触碰地面。

教练建议

想象您的手臂在水中，每次拍打都会遇到阻力。

难度 2　头部和肩膀抬起

1.仰卧在地面上，双腿弯曲，双脚着地，双臂放在身体两侧，手掌贴地。

2.呼气时，抬起头部和肩膀，下巴靠向胸骨，颈部向前伸展。肩胛骨下端仍保持贴地。

3.保持手臂伸直，抬起并与地面平行。双臂快速上下小幅度拍打，不要触碰地面。

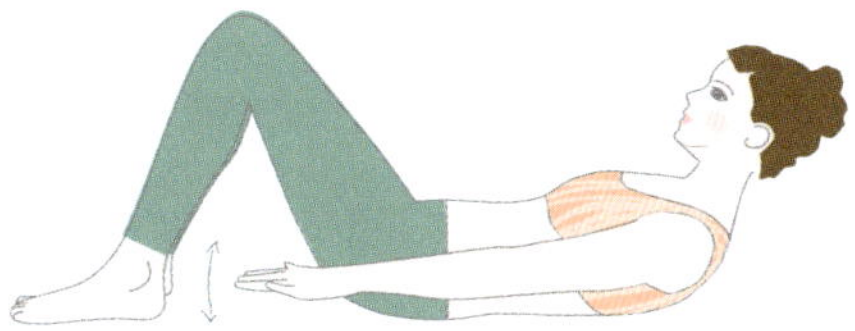

➡ 颈椎有问题?

保持难度1动作。您可以尝试所有调整腿部位置的变体，但头部和肩膀要保持贴地。

难度 3　头部、肩膀和腿部抬起

1.仰卧在地面上，双臂放在身体两侧。不要将双脚放在地面上，而应在呼气时抬起一条腿成桌面腿姿势（大腿与身体上身呈直角，小腿与地面平行），然后抬起另一条腿。

2.呼气时，抬起头部和肩膀，下巴靠向胸骨，颈部向前伸展。肩胛骨下端仍保持贴地。

3.保持手臂伸直，抬起并与地面平行。双臂快速上下小幅度拍打，不要触碰地面。

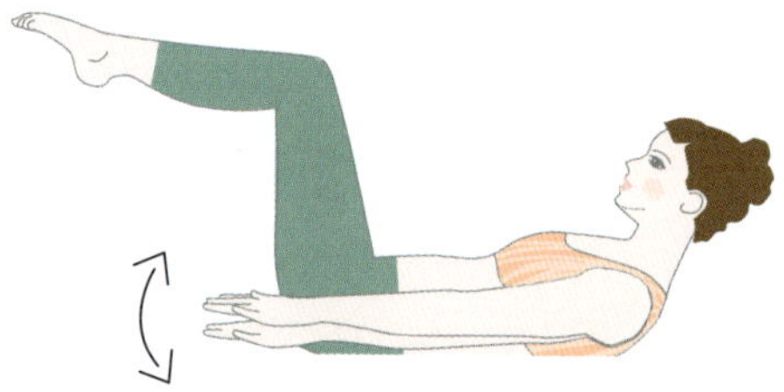

太简单了？

可以通过将膝盖远离胸部来增加难度。

或者将双腿伸直，向斜上方伸展，与地面保持 45° 。

变体：握拳

1.仰卧，抬起头部和肩膀。

2.抬腿成桌面腿姿势，然后伸直双腿，与地面保持斜向角度。

3.双手握拳，在膝盖上方轻拍双腿。快速数到100，同时进行多次拍打。

在不同变体间切换

在练习的过程中，您可以在不同变体间切换：开始时头部贴地，然后抬起上身，将腿抬成桌面腿姿势，再抬至垂直位置，然后再回到桌面腿姿势，接着将膝盖远离胸部，也可以按此思路进行其他调整。

为什么叫"百次拍击"？

目标是在快速数到100的同时进行手臂拍打。当然，一开始很难达到100次，但只要坚持练习，进步会非常迅速。

屈腿扭转

这个动作能够激活深层肌群，有助于脊柱的延展，同时加强内外斜肌。

1.仰卧，双腿弯曲，双脚着地，手臂向两侧打开，手掌贴地。

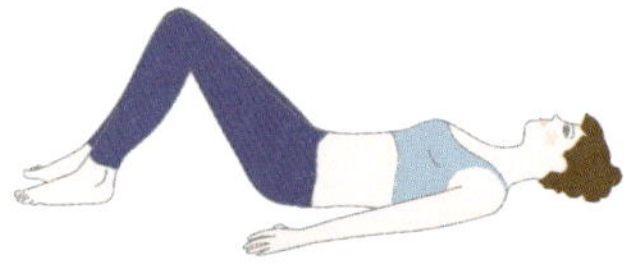

2.保持双腿并拢，大腿与躯干成90°，**呼气时**膝盖向右侧下沉，然后带动骨盆。头部保持贴地**并向相反方向转动**。

3.吸气时将双膝恢复到初始位置，然后向左侧做同样的练习。

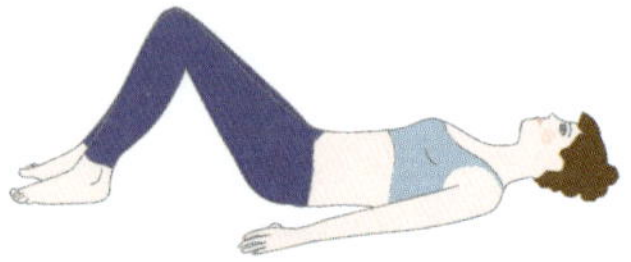

动作幅度多大?

应该尽可能大，但不要造成不适。有经验的练习者可以让膝盖触地。如果您是初学者或您的脊柱灵活性较差，只做部分扭转，无须转头，头部保持中正。

肩膀呢?

肩膀不应抬离地面。手掌向下贴地，起到支撑作用，帮助肩膀保持稳定贴地。

动作结束时，如果膝盖触地，肩胛骨要仍保持贴地，但背部的其余部分会稍微抬离地面。

变体：屈膝贴胸

这个变体能带来更深的脊柱扭转。

1.仰卧，膝盖贴向胸腔，手臂向两侧打开，手掌贴地。

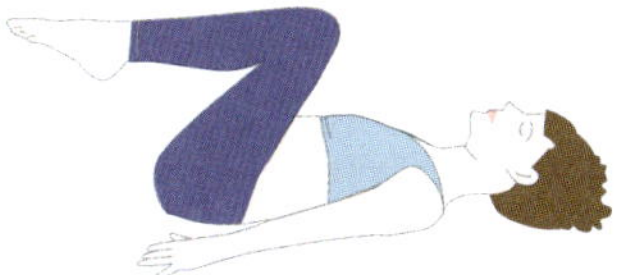

2.保持膝盖贴向胸腔，**呼气时**尽可能转动双腿向旁侧，但不要使背部疼痛。头部保持贴地**并向相反方向转动**。**吸气**时抬起双膝，换另一侧重复同样的动作。

仰卧卷腹（Roll-up）

——基础动作

这个动作需要练习者的脊柱各段，尤其是腰椎有很好的灵活性，能强化腹肌。我们可先进行简易版变体的练习。熟练后，您可以尝试经典版本。

简易版仰卧卷腹

这个版本是经典仰卧卷腹的一个变体，通过预备阶段的拍打大腿动作，使卷起的过程更加流畅。

1.仰卧，伸展身体，双臂伸直举过头顶。

2.深呼气时，将双臂向前带动，弯曲双腿，**使脚掌相对贴合**。双手轻拍大腿并抬起头部和肩膀。**所有动作几乎同步进行**。

3.抬起躯干，双臂保持与身体成斜角，继续卷起直至进入坐姿。手臂一直伸展到指尖，但不要僵硬。

4.保持动作不停，前屈伸展，同时保持双脚掌相对、膝盖向外打开。从尾骨到头部，一直延展到指尖。

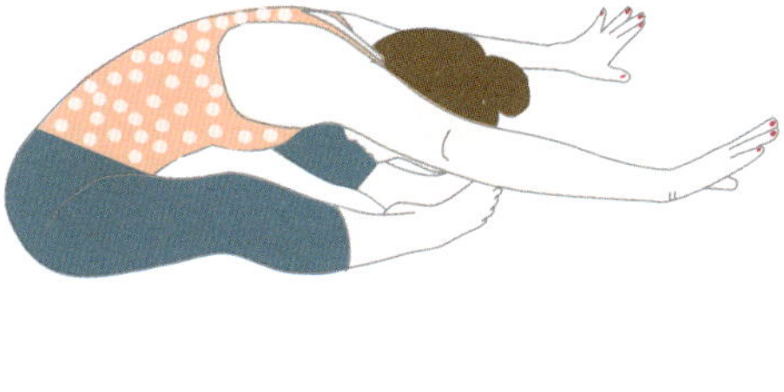

重复几次？

与大多数普拉提动作相同，重复3~6次。

5.缓慢放低上半身，依次控制脊柱逐节回落至地面；双腿保持"蛙式"姿势，双脚脚掌相对用力以支撑稳定下落。双脚贴地，与脊柱下沉形成对抗力，帮助脊柱稳定回落。

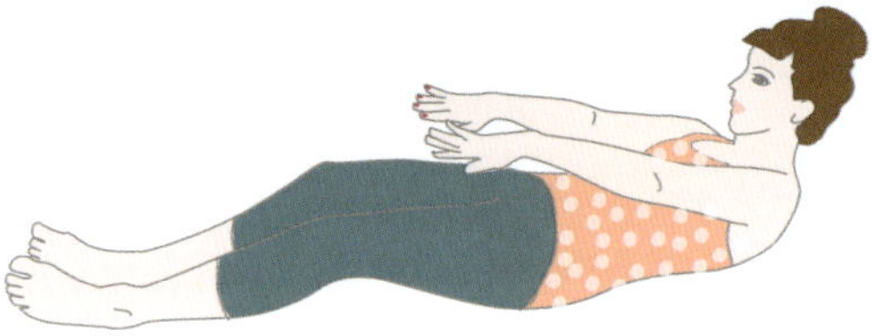

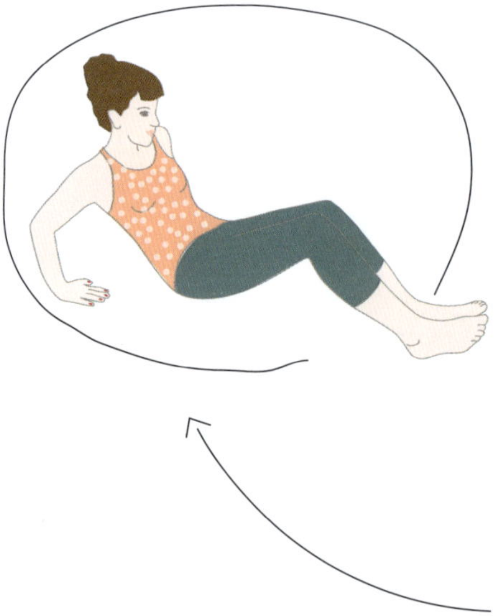

不要气馁！

做不到?

没关系，还有其他方法帮你轻松上手

➡将手放在臀部后侧（双手撑地，参见旁边的图示。）

坐姿，双腿微微弯曲，双脚脚掌相对，将手放在对应臀部的后侧，辅助您进行下沉动作并回到坐姿位。

➡使用弹力带

坐姿，双腿向前伸直，将弹力带平放在脚掌上，双手牢牢握住，保持适度张力，但不过度拉紧。借助弹力带的支撑，肘部贴身，开始向后下沉，脊柱逐节下落。双脚用力推，背部保持弧形弯曲。借助弹力带回到坐姿。

➡请人帮忙固定脚踝

经典版仰卧卷腹

1.仰卧，双腿伸直或弯曲（两种姿势都可以试试，从中选择最适合您的），双臂放在身体两侧，手背贴地。

2.吸气时，将手臂伸展向上，举过头顶，手背贴地，与身体成一条直线。

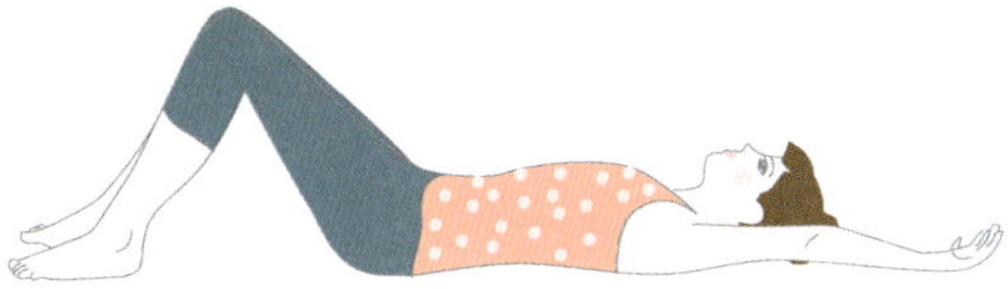

3.呼气时，抬起手臂和头部，然后逐节卷起脊柱，直至坐直，双臂向前伸展。

4.以坐姿结束动作，双臂向前伸直。

5.弯曲背部成C形，**呼气时**使脊柱逐节贴合地面，全程需要保持**手臂向前伸直**。

重复几次?

与大多数普拉提动作相同，通常建议重复3~6次。

单腿画圈（One leg circles）

——基础动作

这是一个基础练习，对消化不好的人非常有效。这个动作要求集中注意力于内脏器官，能锻炼腹肌。

1.仰卧，尽量伸展身体但别紧绷。双臂放在身体两侧，手掌贴地以提供额外支撑。

肩膀下沉远离耳朵，肩胛骨内收，胸骨不要过度向上抬。放松肩膀：保持稳定不僵硬。

教练建议

注意您的关节，特别是膝盖！腿部应该伸直但不要过度伸展。

2.伸直左腿，脚背回勾，拉伸整个腿部后侧。

3.弯曲右腿，在地面上滑动，然后将其抬至垂直位置。

4.用右腿向左侧画圈。下落时脚背绷直，**用嘴巴呼气**。上升时脚跟向上推，**用鼻子吸气**。然后向右侧画圈，接着用左腿重复同样的动作。

开始时每个方向画5圈，熟练后增加到6圈，然后再到8圈。

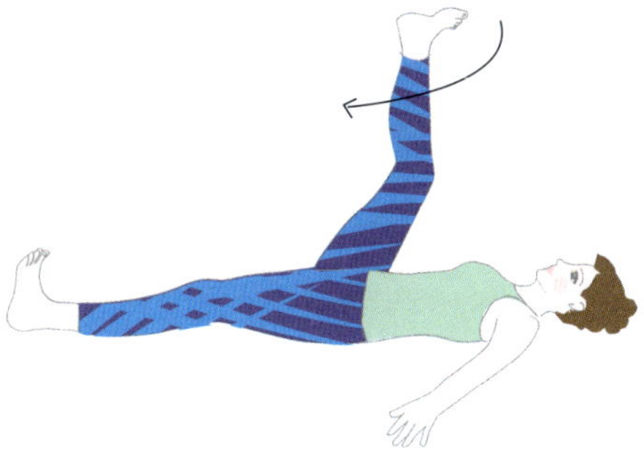

圈的幅度多大?

重要的是保持骨盆稳定：在动作过程中骨盆不应左右摇晃，也不应抬离地面。圈越大，练习难度越大。根据您保持骨盆稳定（但不僵硬）的能力调整圈的幅度。

为什么要改变脚的姿势?

从脚背回勾到脚背绷直的转换可以使腿部更轻盈，动作更顺畅。

单腿伸展（Single leg stretch）

这是一个锻炼协调性和专注力的动作，能同时增加骨盆稳定性并强化腹肌。

1.仰卧，膝盖弯曲贴向胸腔，双手放在膝盖上。

2.呼气时，抬起头部和肩膀，使肩胛骨下端支撑身体。

3.伸直左腿与地面成45°。保持右膝贴向胸腔，然后将右手放在右脚踝上，左手放在右膝上。

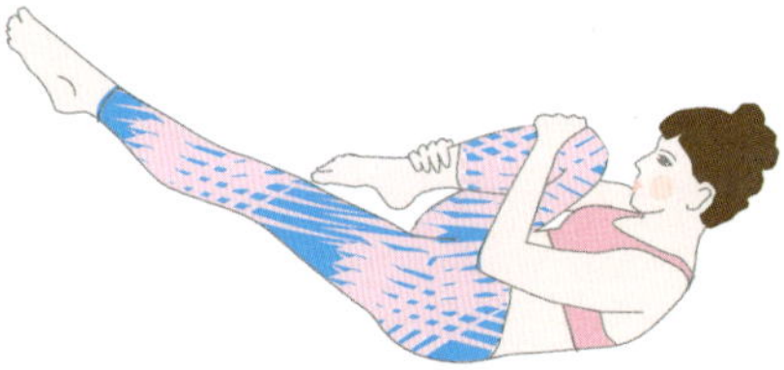

4.弯曲左腿，同时伸直右腿，与地面成45°，做另一侧。

如何呼吸?

吸气时开始动作，直到双腿交换。当一条腿完全伸直，另一条腿弯曲时，呼气结束。

变体：变换两手抓脚的位置

做同样的动作，但将左手（而非右手）放在右脚踝上，右手放在右膝上，然后在左腿弯曲时反过来。当您改变手的位置时，您能感觉到区别吗?

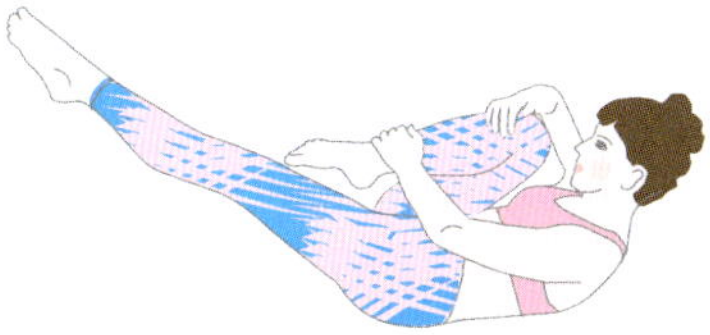

注意腰椎

在这个练习中，腰椎应该贴地以延展背部。

> **太简单了?**
>
> 没关系：您可以将腿伸直贴近地面，而不是与地面成45°。如果还是太简单，开始时头部不要贴地，而是同时抬起头部、肩膀和腿。

脊柱屈曲

这个动作能帮你感知脊柱，延展并改善其灵活性，还能拉伸大腿后侧肌肉（腘绳肌），缓解久坐造成的肌肉紧缩。

1.坐姿，背部挺直，双腿在体前弯曲，双脚脚掌相对，膝盖向外打开，双手放在膝盖的内侧。

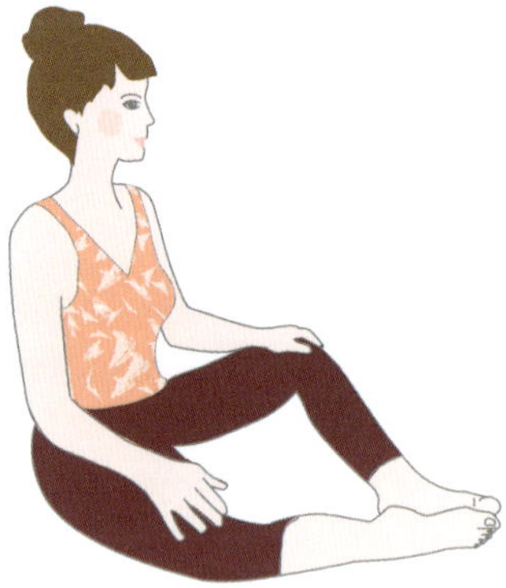

2.双手按压膝盖的内侧（这样可以延展脊柱向前并在横膈膜处创造空间），**呼气时**身体前屈。胸骨向前，两肩胛骨内收并彼此靠近，肘部收紧，并靠向身体两侧。

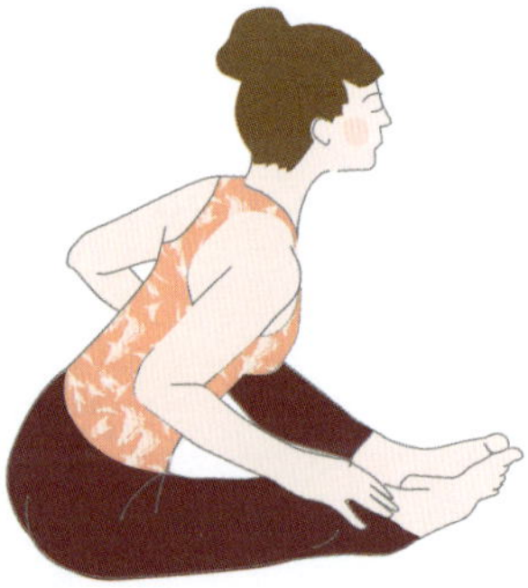

3.双手按压膝盖内侧，**吸气时**背部和肩膀后移。双腿稍微伸直，但双脚保持着地：当背部后移时，能提供支撑。后移动作要从头部开始。

如何更顺利地完成动作?

手肘向两侧打开，肩胛骨向两侧展开，可以使肋骨下方的呼吸更顺畅。

教练建议

向前的动作从面部开始，下巴稍微前移，骶骨同时向前推。向后移动时，下巴微收，注意不要挤压肋骨，头部往后移。这个建议适用于所有涉及脊柱前后移动的 练习。

变体：伸直双腿

这个变体以双腿伸直并分开的姿势开始，有助于协调脊柱中轴与骨盆、双腿配合。

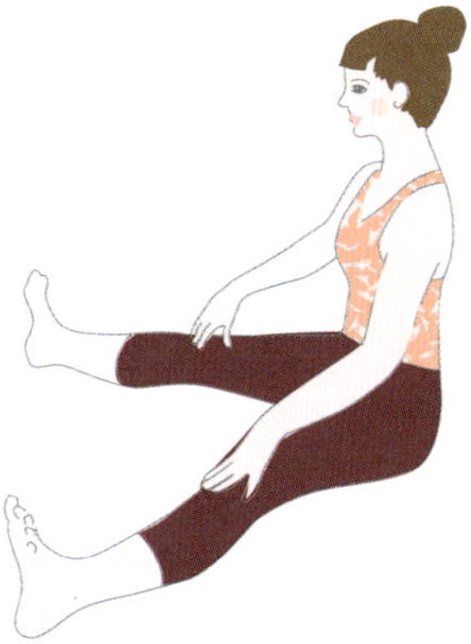

1.坐姿，背部挺直，双腿伸直并向两侧打开，双手放在膝盖上。

2.吸气时，弯曲双膝，背部和肩膀后移，同时双脚脚掌相互靠拢。脊柱向后倾斜，直到双脚无法保持贴地。

3.回到起始位置，伸直双腿，然后通过脊柱伸展和脚跟推力，使躯干**前移。用嘴巴呼气**。

教练建议

前移躯干时量力而行！背部应保持伸展状态。

更简单的呼吸方式

如果建议的呼吸节奏不适合您，试试这个更简单的方法：

— 向前屈体时呼气。

— 回到中轴线位置时吸气。

— 向后移动时呼气。

— 回到中轴线位置时吸气。

滚翻式准备

这个练习的起始坐姿可以增强背部和骨盆的力量，同时提高平衡能力（滚翻式参见第52页）。

1.坐在坐骨上（坐下时能感觉到的臀部下方的骨头），背部挺直，伸直双腿向两侧打开，双手放在膝盖或大腿上。膝盖与脚尖朝上，保持双腿中正。

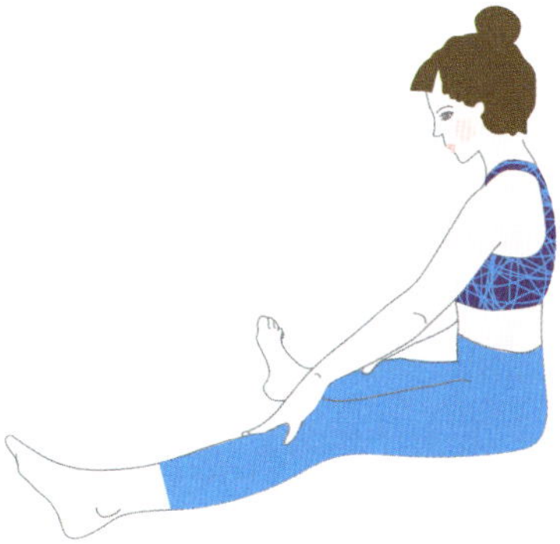

2.保持双手放在膝盖上，**吸气时**弯曲右腿，绷脚背，脚趾指向地面，脚 趾贴地。

3.呼气时伸直右腿，脚跟推出去。

4.右腿重复3次，然后换左腿重复3次。

教练建议

弯曲腿部时，想象膝盖被一根隐形的线向上拉。

变体1

1.坐在坐骨上，背部挺直，伸直双腿向两侧打开，双手放在膝盖或大腿上。

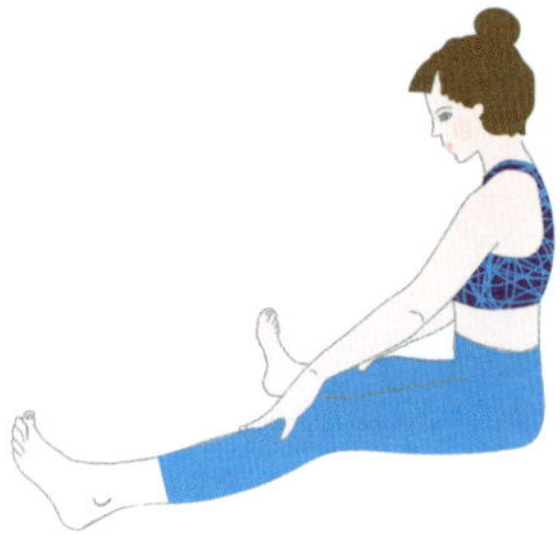

2.双手保持放在大腿上，**吸气时双腿同时弯曲**，绷脚背，脚趾指向地面。

3.呼气时伸直双腿，脚背回勾，用力向前推动脚跟，回到起始位置。

4.重复3次。

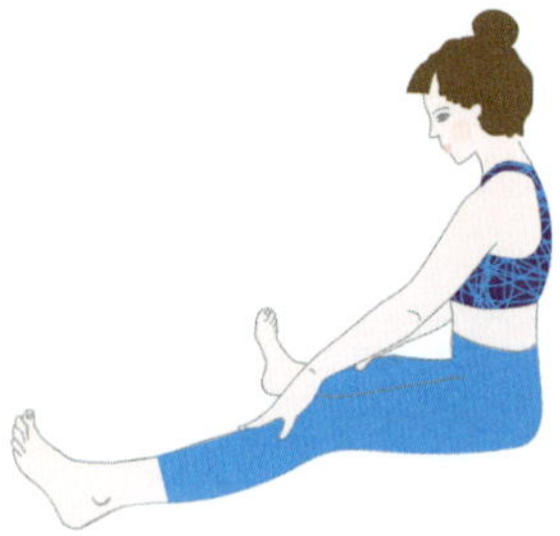

变体2

1.坐在坐骨上，背部挺直，伸直双腿向两侧打开，双手放在膝盖或大腿上。

2.弯曲右腿，脚背回勾，**同时左脚脚背绷直**，然后弯曲左腿，脚背回勾，同时伸直右腿，右脚脚背绷直。

3.重复4次。

脊柱前伸（Spine stretch forward）

——基础动作

这个脊柱卷起和展开的动作能延展脊柱，特别是颈部和上背部。

1.坐姿，背部挺直，双腿分开，脚背回勾并保持垂直，双手放在膝盖上。保持肩膀下沉。膝盖保持放松，可以稍微弯曲双腿以避免髋部受限。

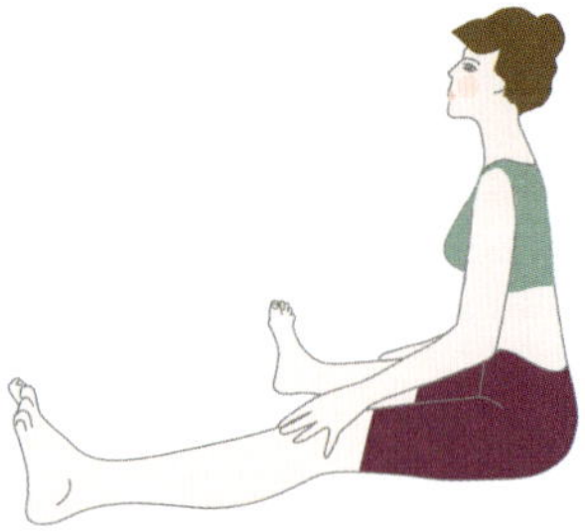

2.呼气，先从头部开始卷起，然后脊柱**逐节卷起**，**双手沿着腿部**随着上躯干向前向下**滑动**。

3.向下到极限时，**吸气**，**脊柱逐节**回到垂直位置，仍然**沿着腿部滑动双手**。

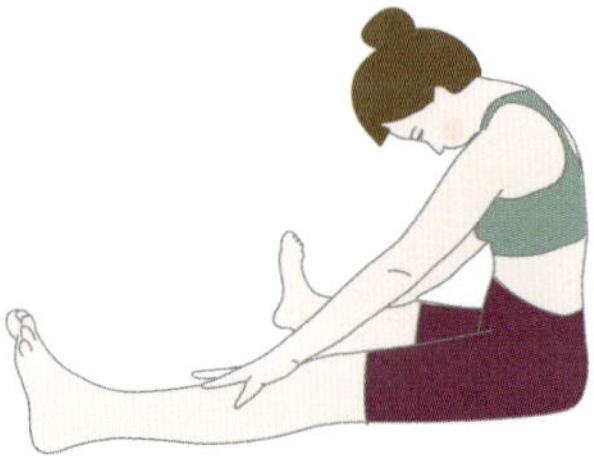

如何保持背部挺直?

要保持背部挺直，需要坐在坐骨上（坐下时能感觉到的臀部下方的骨头），想象背部靠在墙上，头顶被一根线向上拉动。

教练建议

注意膝盖和髋部！膝关节很脆弱：保持腿部伸直或稍微弯曲，避免过度伸展。

脊柱画圈

这个练习通过结合侧向移动、屈曲和伸展，改善背部和骨盆的灵活性。此外，它还能锻炼上半身动作与呼吸的协调性。

1.坐姿，双腿弯曲，膝盖向两侧打开，双脚脚掌相对，双手放在膝盖上。

2.呼气时，上半身前屈，尽可能向前伸展。胸骨向前，两肩胛骨内收并彼此靠近。

3.吸气时，将躯干向右侧移动（脊柱几乎保持垂直，只是向侧面移动）。双手保持放在膝盖上。

4.呼气时，将上身向后移动，尽可能往后伸展。

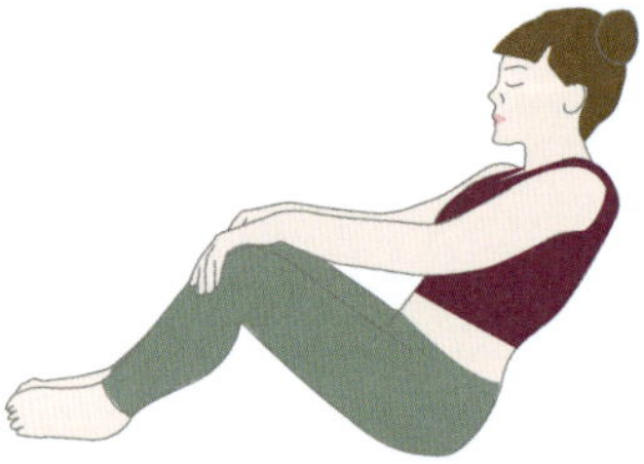

5.吸气时，上身移动到左侧，然后从左侧回到起始位置。

6.每个方向重复3次，然后回到起始位置。

变体：双臂张开

这个变体稍微难一些，但更有益，因为它能提升胸廓的灵活性，增加呼吸空间。与基础动作唯一的区别在于手部和手臂的位置：不是将手放在膝盖上，而是双臂大幅度张开，肘部弯曲，与肩同高；这个变体动作需要由手臂引导运动。

坐姿脊柱扭转（Sitting spine twist）

——基础动作

这是坐姿下的脊柱扭转，能强化腿后肌群（腘绳肌）和背部肌肉，增强脊柱的灵活性，同时帮助延展脊柱。

选项 1

1.坐姿，背部挺直，双腿分开，脚背回勾并保持垂直，双手放在膝盖上。**保持肩膀下沉**。膝盖保持放松，可以稍微弯曲以避免髋部受限。

2.吸气时，将整个上身转向右腿，双手放在膝盖或胫骨上。

3.呼气时，先低头，然后逐节卷曲脊柱，同时随着躯干向前移动，**双手沿着腿部向前滑动**。

4.吸气时，脊柱伸展并回到起始位置。

5.换左腿重复同样的练习。

选项2

1.坐姿，双腿分开（同前一个练习），双臂与肩同高，肘部弯曲，前臂上下叠放。

2.吸气时，将躯干转向右腿，**呼气时**，躯干向腿部前屈，右臂向后伸展，左臂向右脚方向伸展。

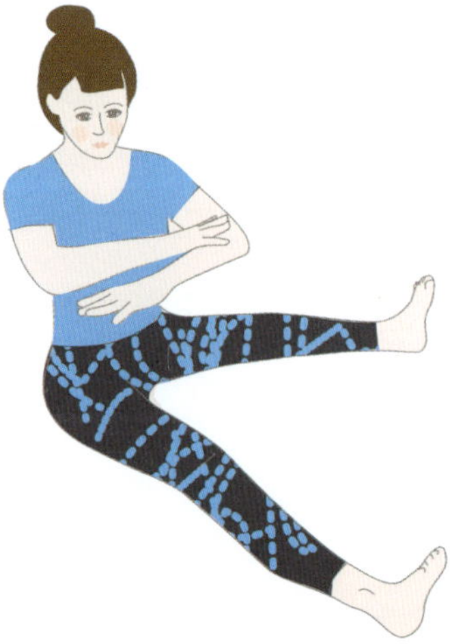

3.吸气时回到起始位置，双臂与肩同高，双肘弯曲，前臂上下叠放。

4.将躯干转向左腿，做对称动作，左臂向后伸展，右臂向左脚方向伸展。

教练建议

双腿保持中正，膝盖与脚掌朝向正上方，脚背回勾。手臂在上升和下降的过程中保持伸展。下降时脊柱屈曲，上升时脊柱伸展。

选项3

1.坐姿，背部挺直，双腿分开，脚背回勾并保持脚掌与地面垂直，双手放在膝盖上。保持肩膀下沉。膝盖保持放松，可以稍微弯曲以避免髋部受限。

2.将双手放在骨盆后侧的地面上，手指朝外。**吸气时**，抬起右臂，同时保持左手稳稳撑地。

3.呼气时，将躯干转向左腿，缓慢下降右臂和脊柱，保持背部伸展。右手不是完全沿着手臂的方向放松，而是用力向远推，好像在推空气。

4.吸气时，仍保持脊柱伸展，手臂伸直举过头顶到垂直位置，然后将右手放回骨盆后侧的地面上。整个练习过程中，另一侧须保持稳稳撑地。

5.换手臂，在另一侧重复同样的练习。

脊柱侧屈

这一练习有助于增强脊柱的侧向灵活性，同时按摩内脏（尤其是肺部和心脏）。坐姿双腿分开也能锻炼到大腿后侧肌群（腘绳肌）。

1.坐姿，保持背部挺直，双腿分开并伸直但不要过度紧绷，双手放在膝盖上，脚背回勾，脚掌与地面垂直。

2.将右手放在身体右侧的地面上，左臂垂直向上举起。

3.呼气时，躯干向右侧弯曲。放松右肩，随后身体下降，手掌贴向地面，让肘部自然弯曲。

4.吸气时，躯干回到水平位置。

5.回到起始位置，然后呼气时换左侧，重复同样的练习。

注意肘部位置

肘部位置很重要，要与骨盆平齐（不要向后弯曲）。

教练建议

当手臂上举时，身体一侧拉长，但骨盆别抬高。另一侧弯曲时要像手风琴一样柔和折叠，身体别塌下去。

变体：姿势进阶

1.坐姿，保持背部挺直，双腿分开并伸直但不要过度紧绷，双手放在膝盖上，脚背回勾与地面垂直。

2.将右手放在身体右侧的地面上，左臂垂直向上举起。

3.呼气时，身体向右转动并向右腿方向下降。左臂伸向右腿。脊柱处于屈曲状态。右手保持撑地。

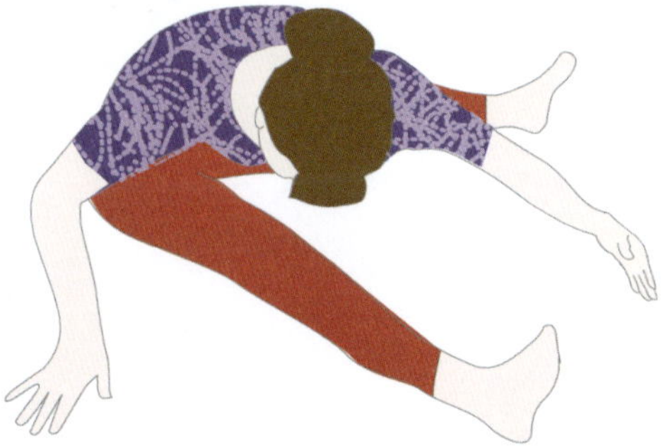

4.继续呼气，不要抬起躯干，直接将躯干转向另一侧腿部。右臂离开地面并向前伸展，跟随躯干移动。动作结束时，左臂撑地。

5.吸气时，抬起躯干回到中心位置，右臂同步回到上举状态。

6.在另一侧重复同样的练习。每侧练习3~6次。

教练建议

这个练习可以反向呼吸。下降时呼气，将重点放在身体的屈曲上；上升时吸气，将重点放在侧躯干伸展上。

变体：美人鱼式

这也是一个侧屈练习，但双腿位置不同，这个体式的双腿姿势可以改善骨盆和髋部的灵活度。

1.采用美人鱼坐姿，左腿向后弯曲，右脚抵住左膝。右手于体侧撑地，左手放在左膝上。

2.左臂举过头顶，右手保持撑地。

3.**吸气时**，躯干回正并向右侧转动。放松右肩。

4.**呼气时，**躯干回到中心位置。

5.**吸气时，**收回左臂屈肘置于身前，右臂垂直上举，然后向左侧弯曲。右臂随动作移动。

6.变换双腿位置，在另一侧重复同样的练习。

7.每侧做3次。

注意膝盖！

如果您的膝盖脆弱，请不要做这个动作。

双腿并拢滚动（Rolling）

倒立类姿势的练习有助于减轻内脏压力。这个滚动练习还能锻炼整个脊柱，帮助脊柱复位，并按摩背部肌群。

1.坐姿，双腿完全弯曲，双手抓住脚踝前侧，膝盖贴近胸部，双脚放在地面上。背部微微成C形弯曲，在整个练习过程中保持这个弧度。

2.双手放在脚踝后侧。抬起双脚，呼气时缓慢向后滚动。

3.当滚至最高点时，有控制地伸直双腿。

4.双手放在脚踝前侧，**吸气时**回到起始位置。

5.重复动作3至6次。

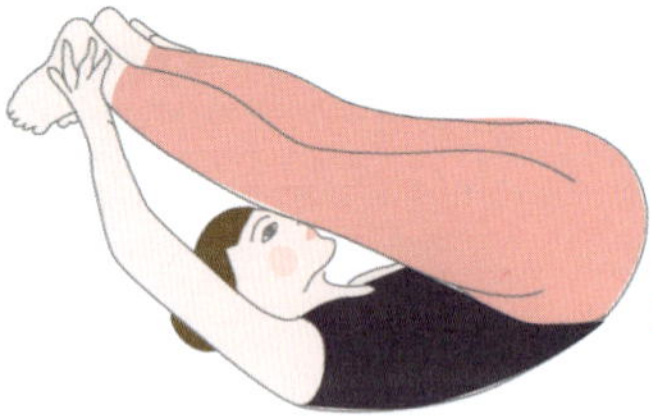

3.

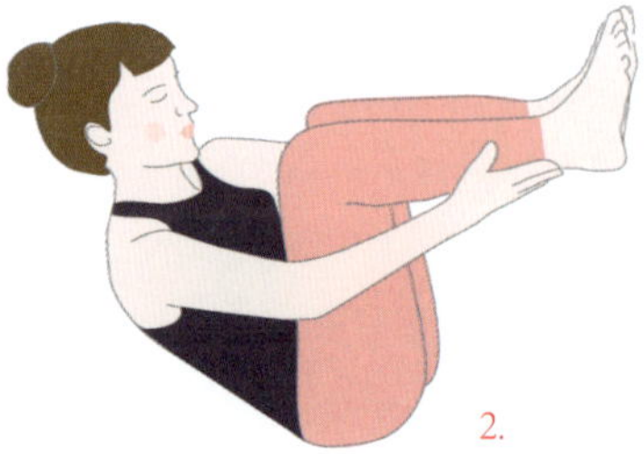

2.

1.

4a.

4b.

为什么要改变手的位置?

在动作的第一阶段，手放在脚踝下方有助于身体向后滚动。回到起始位置时，手放脚踝旁侧能帮助身体向前翻转。

变体：双臂平行

动作流程不变，但双臂须保持伸直，与躯干成90° 。这个变体难度更大，因为失去了手部支撑，需要用力向前伸展手臂，就像用手臂伸展的力量，把身体拉起来一样。

1.

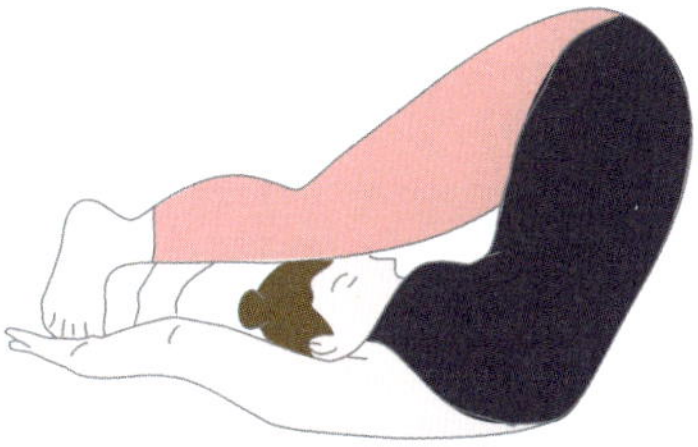

2.

3.

4.

双腿分开滚翻式（Roll over）

在完成前面所有坐姿动作后，是时候做新的滚翻动作来激活脊柱和骨盆了！

1.坐姿，双腿分开伸直，背部挺直，脚背回勾，双手放在大腿前侧。

2.弯曲双腿，脚掌相对并贴合，这会使膝盖向两侧打开，然后开始弯曲背部，准备向后滚翻。

3.脊柱逐节向后滚动。当脚离开地面时，双臂向前伸直，跟随躯干向上移动。动作结束时，双腿分开，双脚放在地面上。

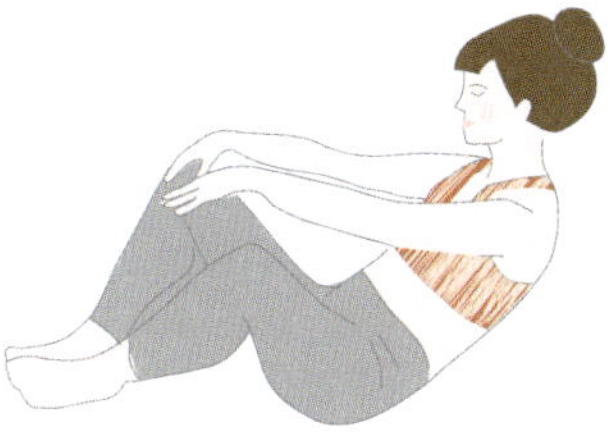

3a.

3b.

3c.

4.保持双腿分开，向前滚回，上身向前伸展。

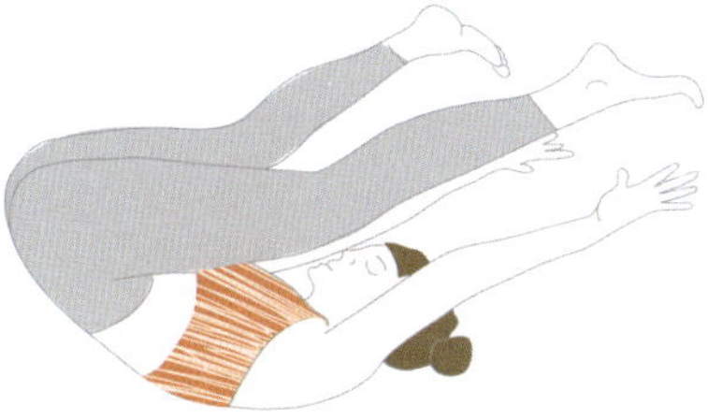

4a.

4b.

4c.

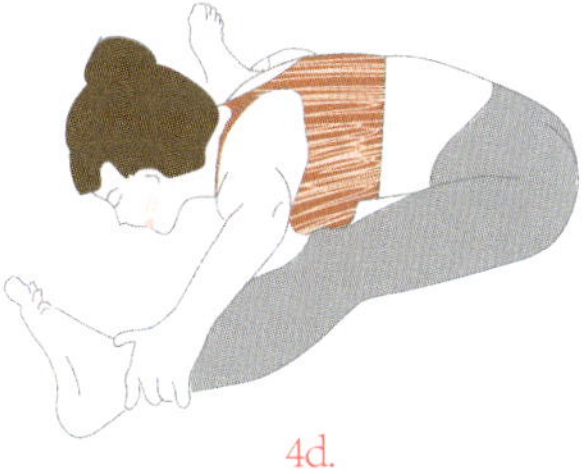

4d.

5.回到坐姿。重复练习3次。

量力而行!

练习的目的是让自己感觉舒适，不要勉强，一旦感到不适，请立即停止。也可以在第3步结束后停止，背部保持挺直，双手放在膝盖上，不必向前弯曲。

在向后滚翻时，可以自行调整。例如，如果您有颈椎问题，可以保持颈部悬空，也可以保持双手撑地以稳定身体，不必让双脚落地。

钟摆式

这个动作可以提升躯干的稳定性，让上半身与腿部和骨盆更协调，同时拉伸腰部和髋部，并强化腹外斜肌。

1.仰卧，双臂向两侧打开，**手掌朝向地面**。

2.将双腿伸直至与身体垂直。

3.吸气时，保持腿部伸直并一起向右侧下降，同时保持肩胛骨贴地。骨盆左侧略微抬起，而右侧尽量保持贴地。

4.呼气时双腿回到垂直位置，**吸气时**向左侧下降。

5.双腿回到垂直位置，完整练习3至6次，然后回到起始位置。

初学者呼吸法

开始时，可以在腿下降时呼气，回到垂直位置时吸气，向另一侧下降时呼气，然后回到垂直位置时呼气。

教练建议

如果您无法将腿伸直并垂直举起，可以一条腿接一条腿地抬起；或者弯曲双腿，双脚踩地，然后再抬腿至垂直位。

下降到什么程度?

建议从小幅度开始，以确保肩胛骨始终贴地。把整个动作想象成钟表的指针从12点移动到1点，再从1点移动到12点。熟练后，您可以逐渐扩大范围，一侧到10点，另一侧到2点。

螺旋腿（Corkscrew）

这个练习不仅能锻炼脊柱周围的所有肌群，还能锻炼腿后侧、手臂肌肉，以及腹肌。

1. 仰卧，双臂自然打开置于身体两侧，手掌朝向地面。

➡ 如何放置手臂?

手臂可以靠近身体，也可以稍微远离身体。可以多次尝试找到适合您的位置。

2. 弯曲双腿沿地面滑动，然后垂直抬起（动作应从脚部发力，就像您在用脚推动物体）。利用下背部和手掌撑地来辅助完成动作。

3.双腿并拢画圈：将骨盆和髋部向左侧倾斜，双腿伸直靠近头部，再向右侧倾斜，最后回到中心初始位置。

画圈幅度多大?

从画小圈开始，逐渐熟练后，可以让腿部靠近躯干直到骨盆抬离地面，并加大侧向摆动的距离以扩大画圈的幅度。

如何呼吸?

每次抬腿时吸气，下落时呼气。如果配合呼吸有难度，也可以自然呼吸。

猫式变体

四足跪姿动作可以活动脊柱，特别是颈椎和胸椎之间的区域，这一区域天生比其他部位更缺乏灵活性。在首次练习中，建议选择其中一个变体进行训练。

猫式伸展

1.四足跪姿，膝盖与髋部同宽，双手与肩部同宽。双手平放在地面，确保良好的支撑。小腿从膝盖到脚要保持对齐。

2.呼气时，用双手推地，将躯干和骨盆向后移动，直到臀部坐在脚跟上，双臂伸直向前。

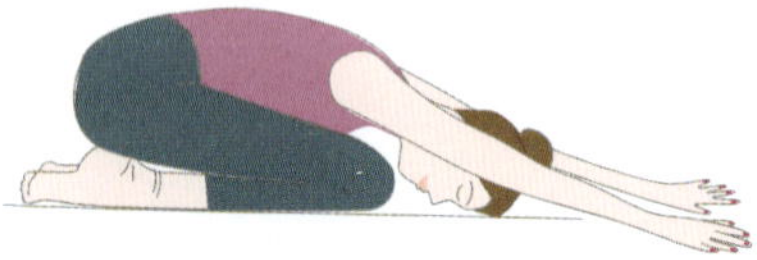

3.吸气时，从骨盆开始，拱起背部回到四足跪姿。

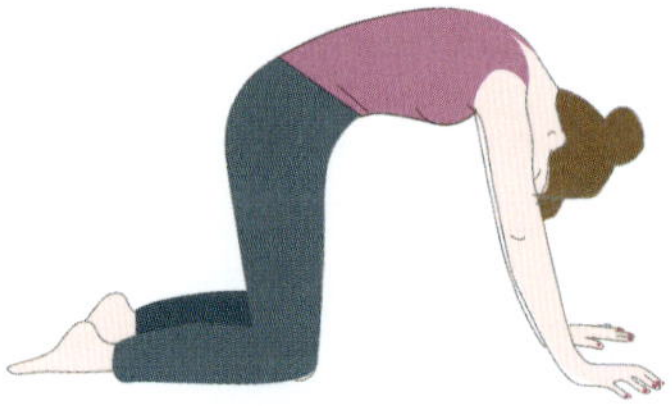

教练建议

下落时，动作应从尾骨开始，尾骨朝脚跟方向移动。上升时，动作从头部开始，头部带动脊柱，双手推地，身体重心向前移。

4.呼气时，向前移动躯干、头部和脊柱（大腿和手臂不再与地面垂直）。

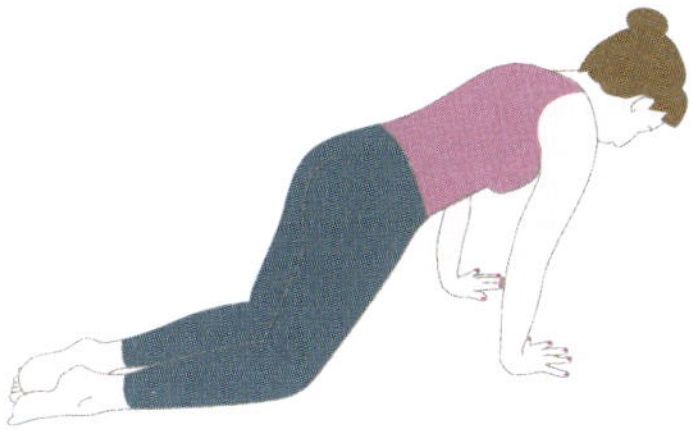

5.回到初始的四足跪姿。重复动作3至6次。

猫式凹背与拱背

这个变体是其他练习的理想准备动作，如眼镜蛇式。它主要活动上段脊柱和手臂，强化上背部肌肉和整个脊柱。

1.四足跪姿。

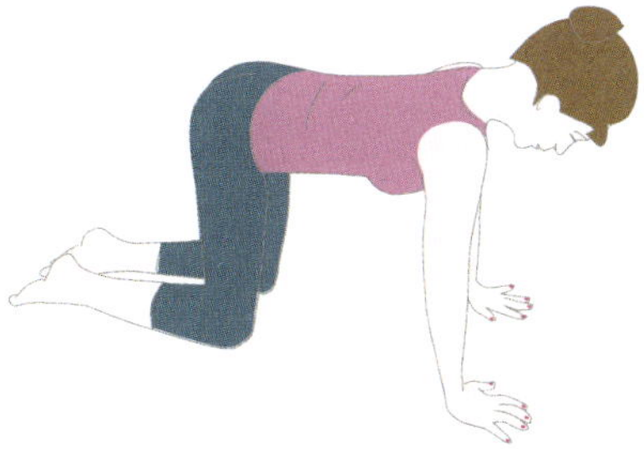

2.呼气时收紧肩胛骨，背部凹陷，胸部下沉。

3.保持同一次呼气，向前伸展头部、躯干和脊柱。脊柱保持伸展，背部保持凹陷。

4.吸气时从腰部和肚脐处向上拱起背部，手部撑地，同时将躯干向后移动。

5.躯干继续向后移动并将臀部坐在脚跟上，双臂向前伸直。

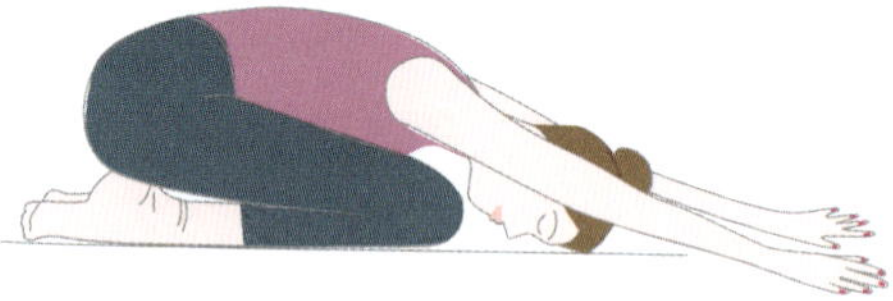

潜伏猫式

1.臀部坐在脚跟上，双臂放在身体两侧，然后将双臂向前伸直。

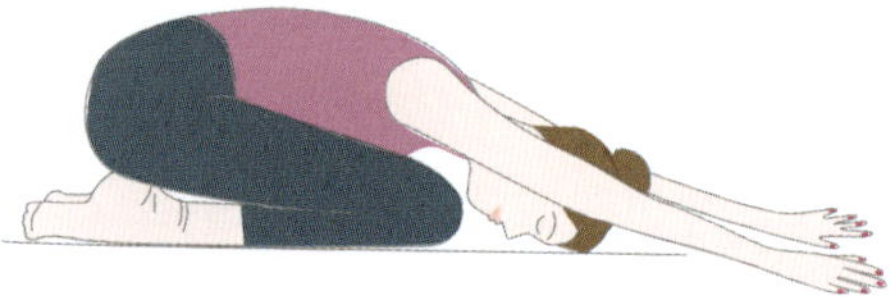

2.肘部和前臂撑地，拱起背部向上移动，直到前臂无法保持贴地。

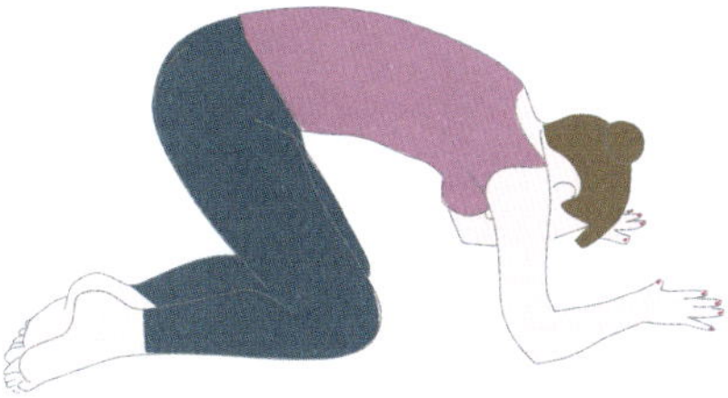

3.伸直手臂，保持背部微微拱起。

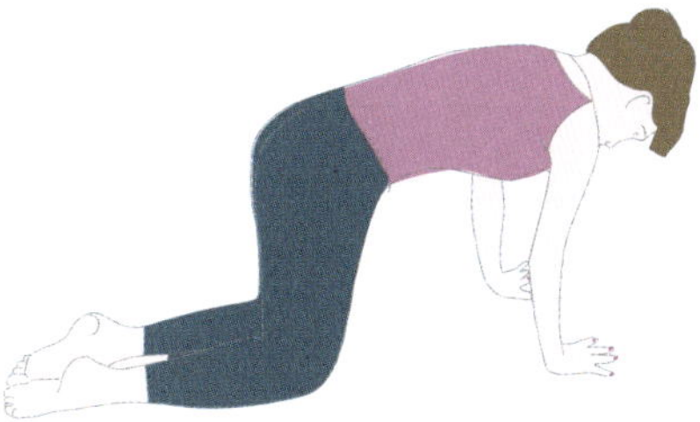

4.弯曲肘部使前臂回到地面。肘部与肩垂直。下颌微收，收紧肩胛骨，同时背部凹陷。

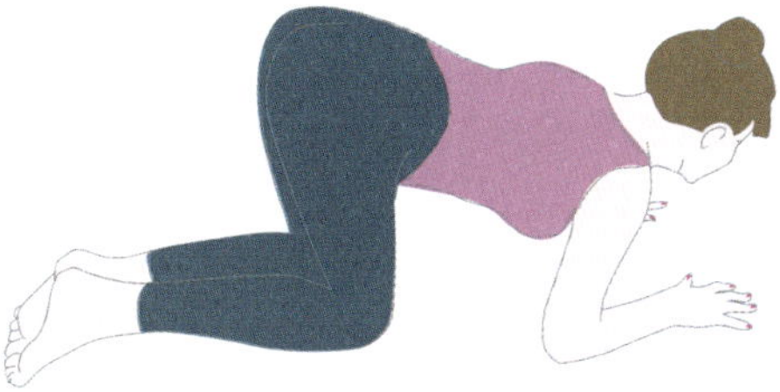

5.伸直手臂，同时将身体重心大幅向前移动。

6.回到起始位置，重复练习3至6次。

教练建议

从头部开始的动作，感觉颈椎一节节向前延展，如同头顶轻抵无形的阻力缓缓推动。

变体：肘部展开

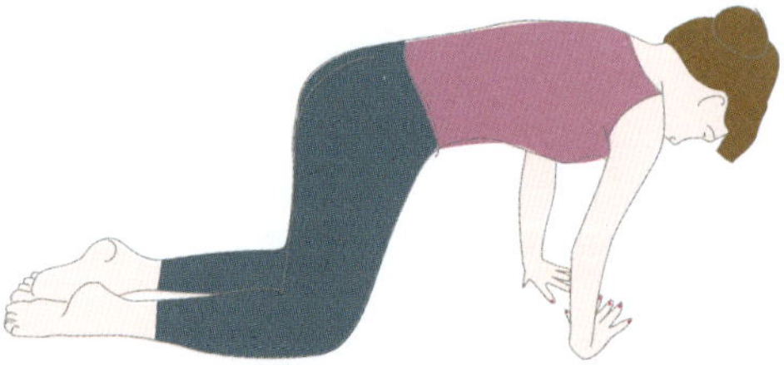

1.四足跪姿，手指尖向内转动。

2.呼气时，大幅度向两侧展开肘部，下颌朝向地面并下沉，同时弯曲手臂。

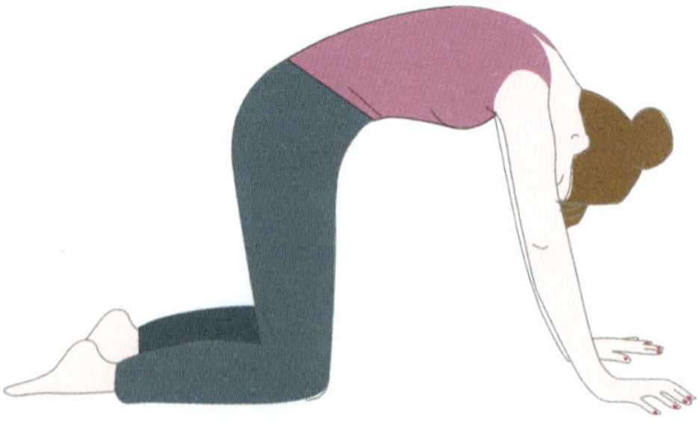

3.双手撑地抬起上身，从腰部和肚脐处向上拱起背部。上升过程中，双手回到四足跪姿的手部位置（手指尖朝前）。

4.回到四足跪姿，手指尖向内。

5.重复练习3次。

坐姿脊柱旋转

这个动作锻炼脊柱深层肌肉和腹斜肌，能塑造腰部曲线并促进脊柱延展。

1.坐在坐骨上，保持背部挺直，双腿伸直并向两侧打开，双手放在膝盖上。膝盖和脚趾朝上。

2.将左臂抬至身前，与地面平行，然后将上身向右旋转。旋转时**呼气**。

3.在同一次呼气中，骨盆顺势轻微抬起；双腿同步转动。

教练建议

由左手带动左臂向右移动时，引导脊柱开始旋转运动。当达到最大扭转幅度时，上半身几乎完成了半圈（180°）的旋转。双腿随之自然弯曲，但不要完全放松。

4.吸气的同时回到起始位置。脊柱逐节放松，解开旋转：不要一下子回到起始位，想象您的手臂握住一根固定的横杆，然后缓慢、有控制地解开。

5.用右臂向左侧重复同样的练习，整套动作重复3次。

穿针式

这个动作能拉伸肩膀和手臂后侧，有助于放松脊柱并改善其旋转能力。

1.四足跪姿，膝盖与髋部同宽，手与肩同宽。手掌完全平放在地面上以获得良好支撑。小腿从膝盖到脚保持对齐。

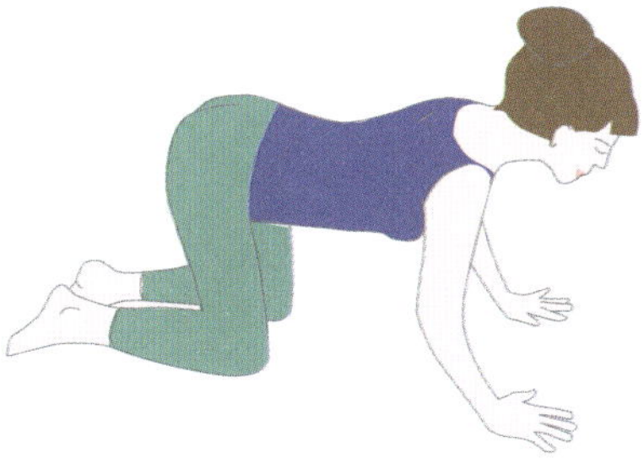

2.呼气的同时，将右臂滑到左肩下方，转动躯干和头部，直到头部和右肩着地。

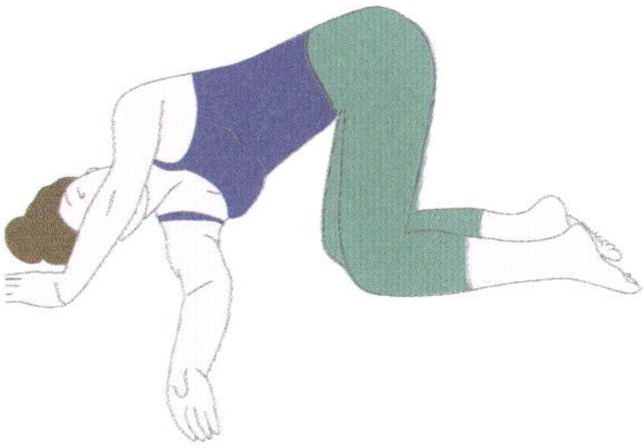

3.吸气的同时，回到四足跪姿位置，背部拱起。

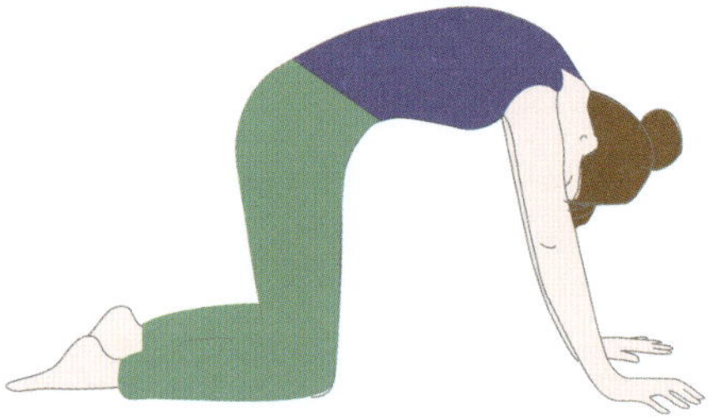

4.以相同方式进行反方向练习，将左臂滑到右肩下方。整套动作重复3到6次。

教练建议

为了稳定骨盆，不要抬起膝盖，保持膝盖贴地。当您将手臂滑到肩膀下方时，从指尖发起动作。回到起始位置时，要有阻力感，仿佛动作被某种力量减缓，同时用支撑的手推地。

单手单腿对侧平衡

这项练习将训练您的平衡能力，拉伸背部及关节，同时强化脊柱肌肉链。练习的时候注意：身体重量需均匀分配到四肢（手臂和腿部）之间。

1.四足跪姿，膝盖与髋部同宽，手与肩同宽。手掌稳稳撑地。膝盖与脚保持对齐。脊柱伸展，脊柱两端，即头部和尾骨，应尽量拉开。

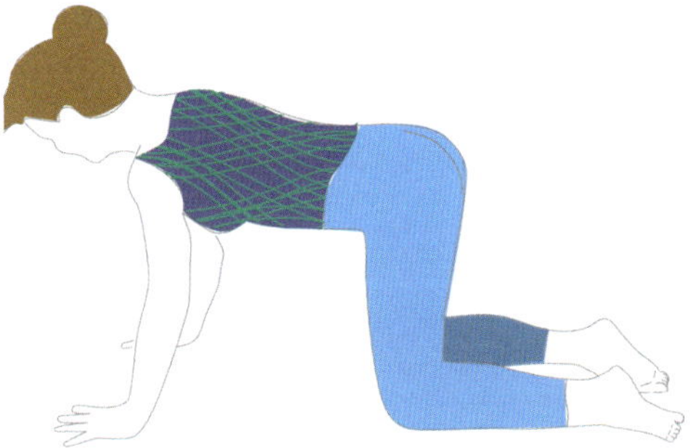

2.长呼气的同时伸展并抬起右臂和左腿。当您抬起手臂和腿部时，其余肢体需要更用力撑地。腿部缓慢抬起，先沿地面滑动，直到手臂和腿完全对齐。注意：背部中段不要拱起，应保持拉伸。

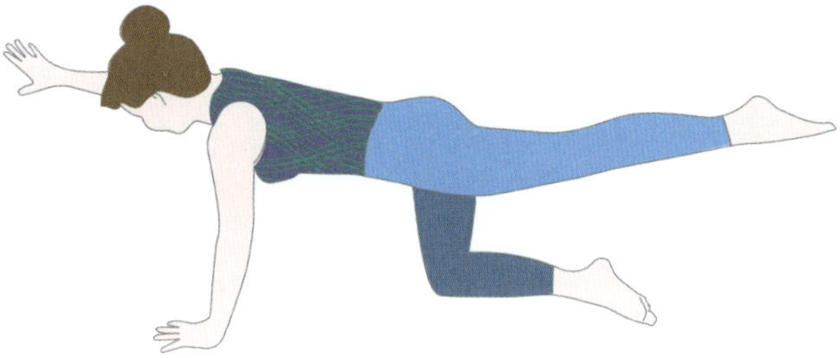

3.吸气的同时右臂和左腿回到四足跪姿。

4.长呼气的同时伸展并抬起左臂和右腿，采用与右臂和左腿相同的方式完成动作（参照第2步）。

5.吸气的同时左臂和右腿回到四足跪姿。每侧重复练习3次。

下犬式

这是从四足跪姿到站姿的一个过渡动作，可以拉伸腘绳肌和腿部后侧肌肉链，以及背部和手臂。

1.四足跪姿，**吸气**。

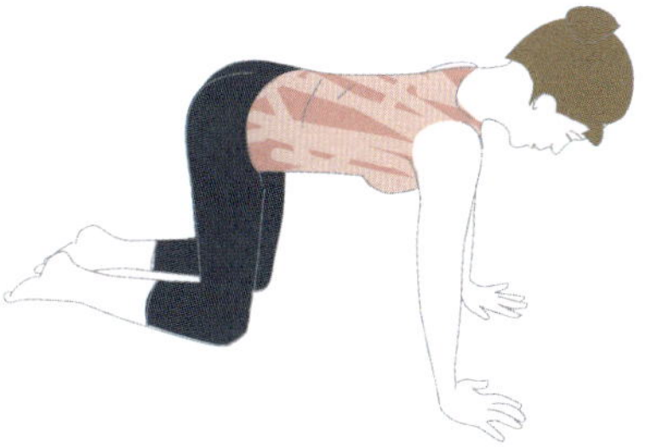

2.双手双脚推地，**呼气**抬起臀部向上。头部向地面靠近，并尽量放在双臂之间，仿佛要将头部放在地面上。

3.保持腿部伸直（不要过度伸展），

吸气时双手慢慢移向双脚。

4.必要时可弯曲膝盖，**呼气时脊柱逐**

节向上，抬起躯干。

5.吸气时卷曲脊柱往下降，直到双手

触地（需要时可屈膝）。

6.在同一次吸气中，将手向前移动至平板支撑式。

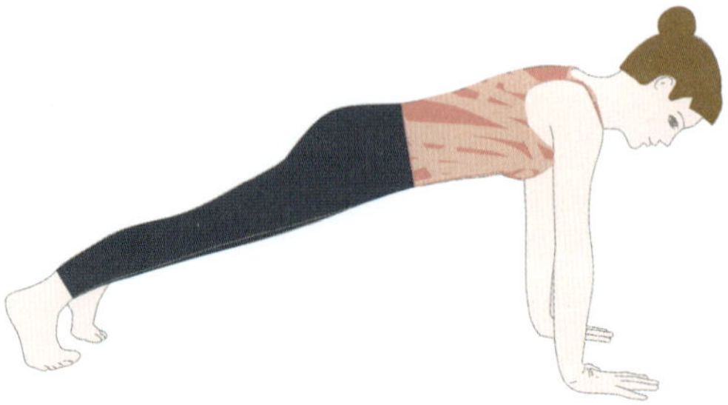

7.呼气时回到四足跪姿位。

眼镜蛇式

——基础动作

与所有俯卧动作一样，这个练习会锻炼整个背部肌群，调动四肢和双腿，强化背阔肌，并改善脊柱的结构（对齐和灵活性更佳）。眼镜蛇式尤其能增强颈椎和整个脊柱的灵活性，同时锻炼手臂肌肉。

1.臀部坐在脚跟上，躯干从骨盆开始前屈向下，直到胸部紧贴大腿，头部触地。手臂沿着身体放在躯干两侧的地面上。这个动作是婴儿式。

2.吸气时手臂尽量伸展并向前滑动，呼气时回到婴儿式。两个动作连续做3次，最后停在婴儿式。**吸气**时再次尽可能伸展手臂，保持臀部坐在脚跟上。

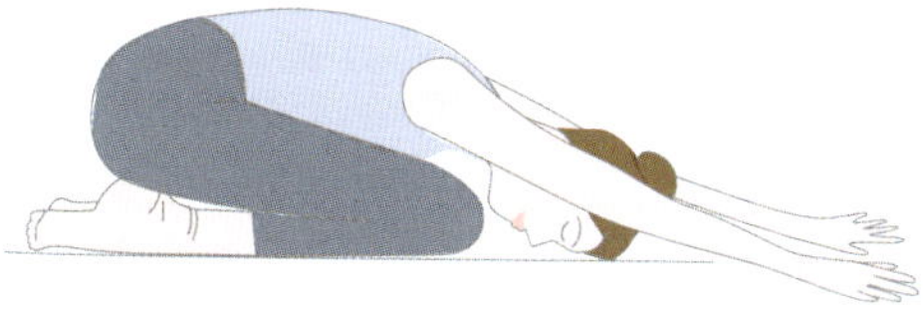

3.呼气时，双手撑地，臂部抬起，过渡到四足跪姿，**吸气**时躯干向前移动，脊柱向前向上伸展至眼镜蛇式（参见图3a、3b、5）。

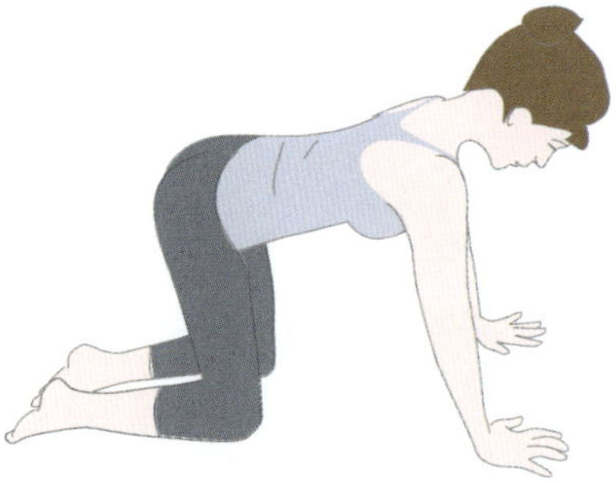

3a.

3b.

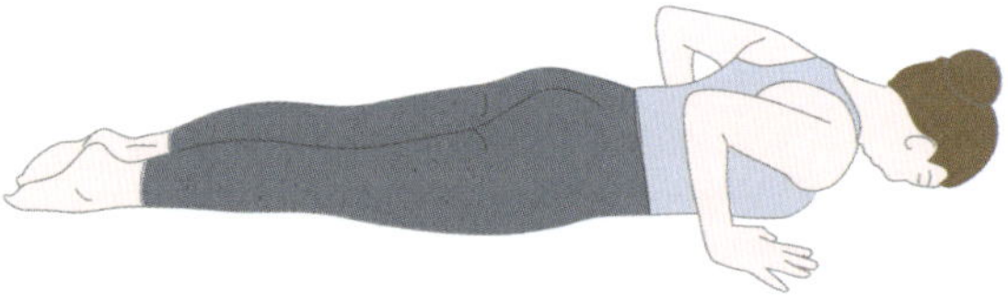

4.

4.呼气时头部和躯干向下落回地面，回到俯卧姿势，手臂弯曲，肘部抬起并靠向躯干两侧，双手放在胸腔两侧并与肩同宽。

5.双手撑地，**吸气**时抬起头部和躯干，直到再次处于眼镜蛇式。**呼气**保持姿势。

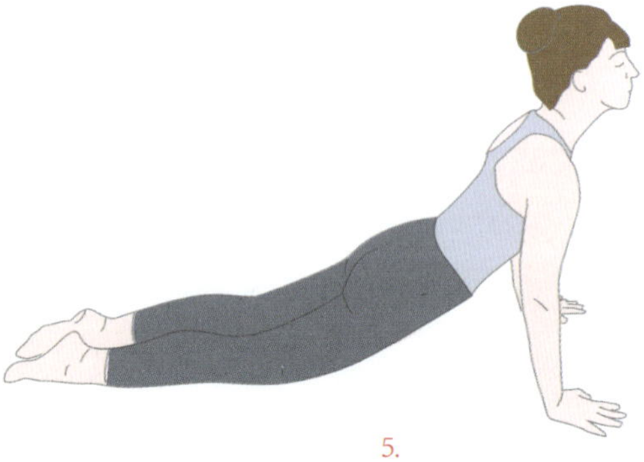

5.

教练建议

为避免下背部过度拱起受伤，可保持耻骨紧贴地面，同时收紧腹部不要放松。

6.呼气时向左转头，**吸气**时回到中轴线。然后**呼气**时向右转头，**吸气**时回到中轴线。

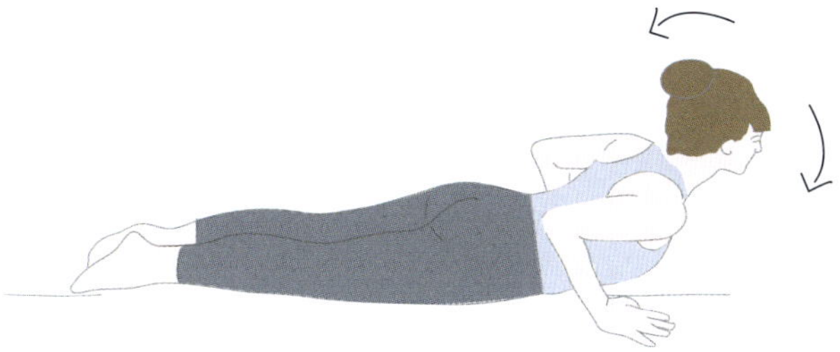

7.先回到四足跪姿，**呼气**时，从臀部开始向后向下回到婴儿式。

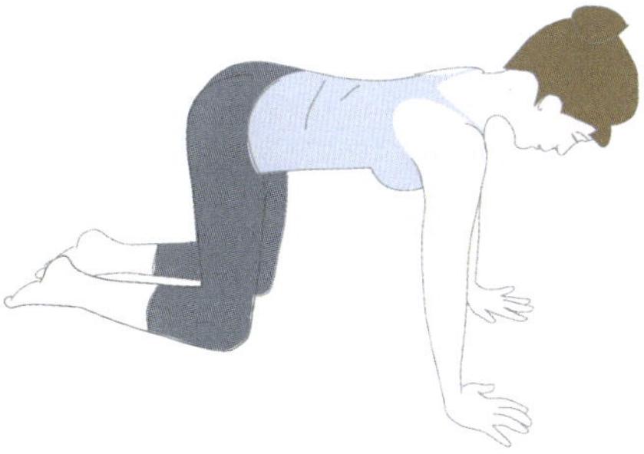

平板支撑式

这组核心训练的经典动作，能同时锻炼手臂、肩膀、脊柱和腿部。

1.由婴儿式开始，臀部坐在脚跟上，躯干从骨盆开始前屈向下，直到胸部紧贴大腿，头部触地。手臂沿着身体放在躯干两侧的地面上。

2.吸气时向前滑动手臂，尽可能伸展。

3.呼气时过渡到四足跪姿。

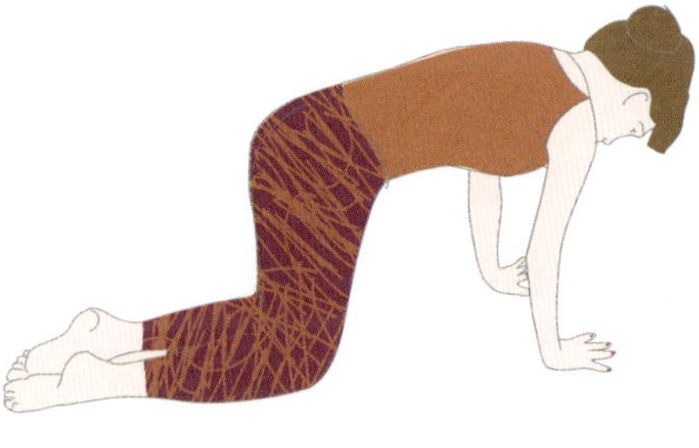

4.吸气时，向前移动躯干，将耻骨贴地，进入眼镜蛇式。

5.呼气时头部和躯干向下落回地面，回到俯卧姿势，手臂弯曲，肘部抬起，双手放在胸腔两侧并与肩同宽，双脚平行。

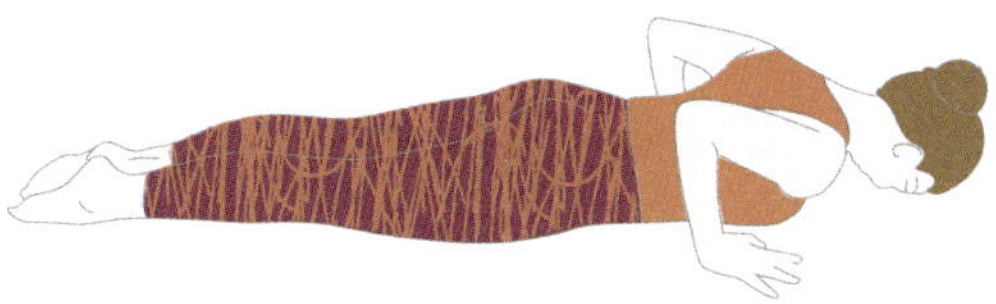

6.脚尖回勾。

7.双手撑地，吸气时抬起头部和骨盆，进入平板支撑式。

8.呼气时向左转头，**吸气**时回到中轴线；然后**呼气**时向右转头，**吸气**时回到中轴线。

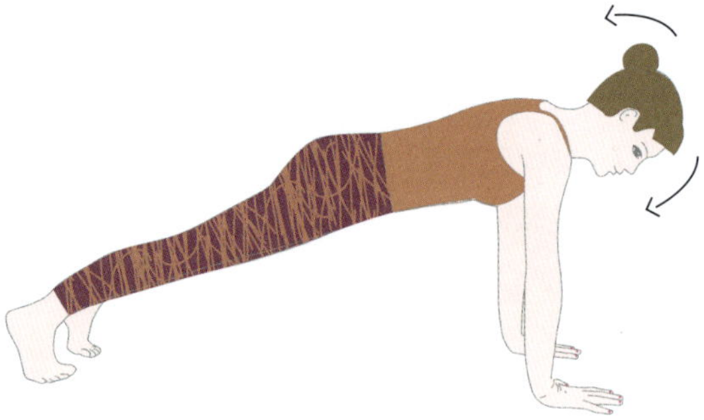

9.呼气时将膝盖落回地面，回到婴儿式。

太简单了？

试试动态平板支撑吧：双臂交替弯曲和伸展，每次都要让全身下沉。重复练习3次。

此外，尝试深吸气，然后从第3步慢慢呼气到第5步结束。

变体

为提高颈椎灵活度，**呼气**时用头部画圈，每侧各一次。**每侧画圈结束时吸气。**

狮身人面式

这个伸展脊柱和手臂的动作能延展整个背部，增强上半身力量并收紧大腿后侧。

1. 四足跪姿，膝盖与髋部同宽，手与肩同宽。手掌平放在地面上，稳稳撑地。小腿从膝盖到脚保持对齐。

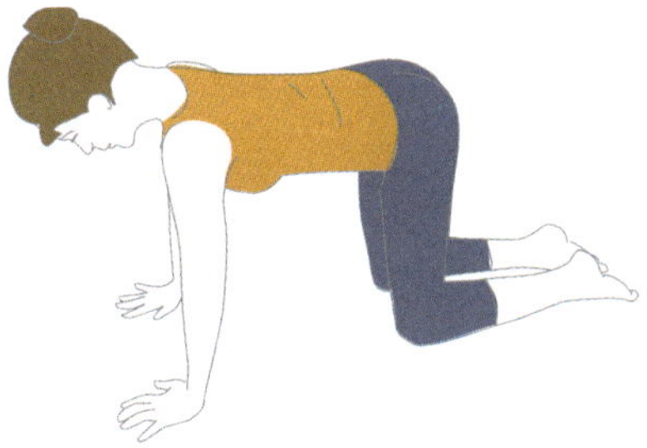

2.吸气时，上身向前移动，然后将耻骨贴地，进入眼镜蛇式。

3.呼气时头部和躯干向下落回地面，回到俯卧姿势，手臂弯曲，肘部抬起，双手放在胸腔两侧，与肩同宽，双脚平行。

4.吸气时向前滑动手臂至狮身人面式，双臂平行，前臂和上臂成直角，肘部靠拢。

5.保持膝盖贴地，交替弯曲双腿，**自然呼吸**。完成6次腿部摆动。

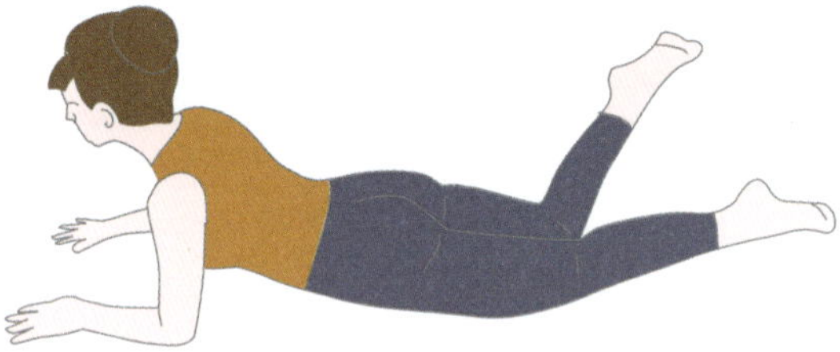

变体

第1至第4步同上。第5步弯曲一条腿，做两次摆动，就像努力用脚跟轻拍臀部一样。每侧做2次，**每次摆动时呼气**。

变体：双手背后十指交扣握拳

1.俯卧，额头贴地，手臂沿身体两侧摆放。

2.双手放在背后，弯曲肘部，双手十指交叉握拳。**吸气**时弯曲膝盖，使脚跟靠近臀部。

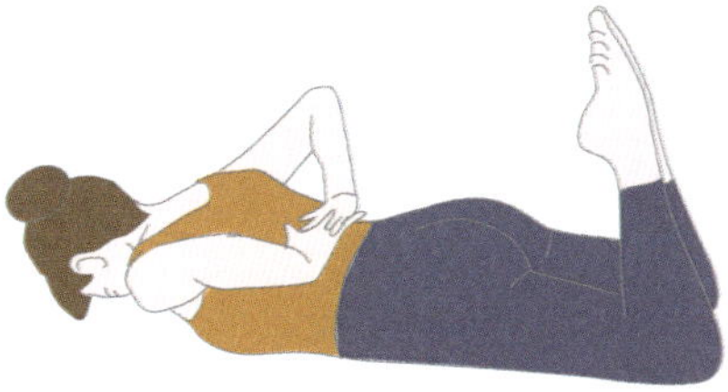

3.呼气时，双腿放回地面，双臂向后伸展（保持双手十指交叉握拳），耻骨压地，双臂向后伸展抬起头部，胸腔离开地面。

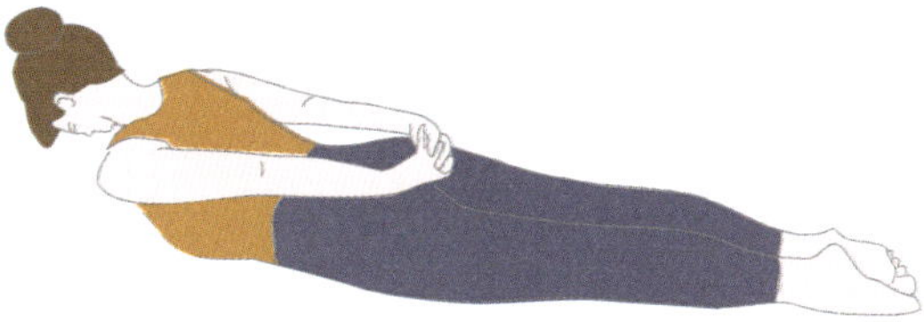

4.重复练习4次。

5.最后回到婴儿式。

教练建议

练习的过程中不要放松腹部。如果背部疼痛，就不要做这个练习。

天鹅俯冲（Swan Dive）

在同一套练习中，可以在前一个练习（狮身人面式）和这个练习中二选一，因为它们的益处相似：伸展脊柱，锻炼手臂和上背部。

小天鹅俯冲

1.俯卧，额头贴地，手臂弯曲，肘部抬起，双手放在胸腔两侧，与肩同宽，双腿尽可能并拢。

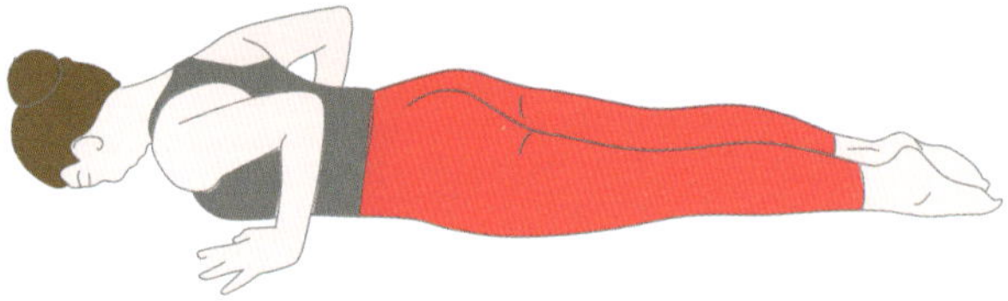

2.吸气时抬起头部，**呼气**时抬起双手离开地面，使胸腔也离开地面，同时抬起双腿。

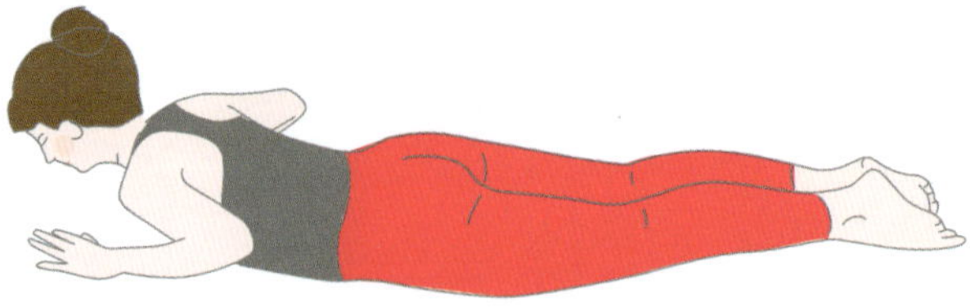

教练建议

尾骨内收，耻骨贴地。手脚保持悬浮，避免完全触地。

天鹅俯冲

1.同小天鹅俯冲第1步。

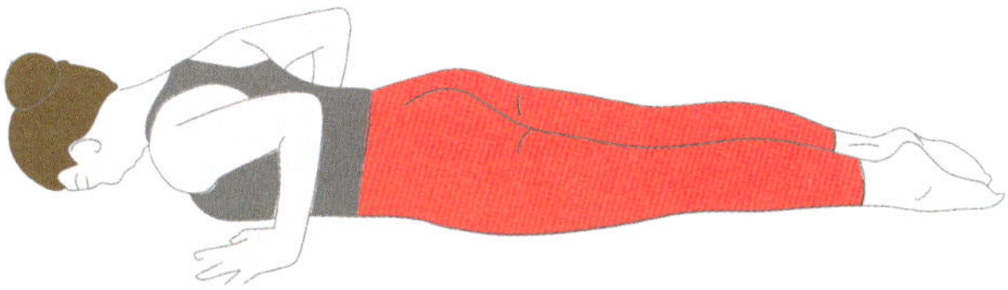

2.吸气时双手撑地，先抬起头部，然后抬起躯干至眼镜蛇式。展开双肩向后，肩胛内收，以避免耸肩。

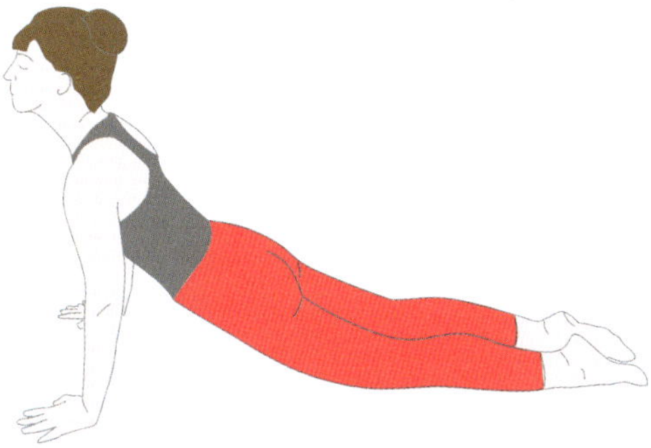

教练建议

耻骨应更用力压地，尾骨内收，别太紧绷臀大肌。

3.**呼气**时，躯干向地面俯冲，手臂略分开向前伸直，同时抬高双腿。耻骨更用力压地，头部保持伸展。

变体

朝天翻转手掌：增加旋转可以锻炼手臂。

原地游泳（Swimming in Place）

这是一项可以锻炼协调性的练习，通过上半身与下半身的对称运动，锻炼交叉肌肉链及背部、腿部和手臂的伸展肌群。

1.俯卧，额头贴地，手臂向前伸直放在地面上。

2.抬起腿部、手臂和头部，保持伸展。

3.双腿、双臂上下交替摆动，左腿配右臂，右腿配左臂。

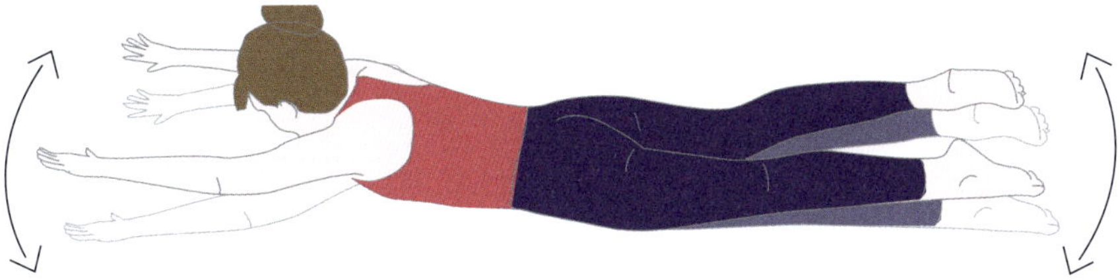

4.回到起始位置，重复练习6次。

5.回到婴儿式，放松背部。

教练建议

在整个练习过程中，保持自由而深长的呼吸，尤其要注重呼气。初学者可非常缓慢地进行练习，每摆动一次呼气一次。腹部全程保持收紧。

海狮式

这个练习适合在全套训练结束时进行，因为它需要充分热身及较好的柔韧性。它能按摩脊柱两侧的肌肉。同时，此类倒立练习能减轻内脏的压力，提升平衡能力。

1. 坐姿，双腿弯曲，膝盖向两侧打开，脚掌相对，双手放在膝盖上。

2. 将脚靠近躯干，双手放在脚跟下（从腿内侧穿过），抓住脚跟，向后倾斜，将腿抬至肩膀高度。肘部弯曲，支撑在腹部。

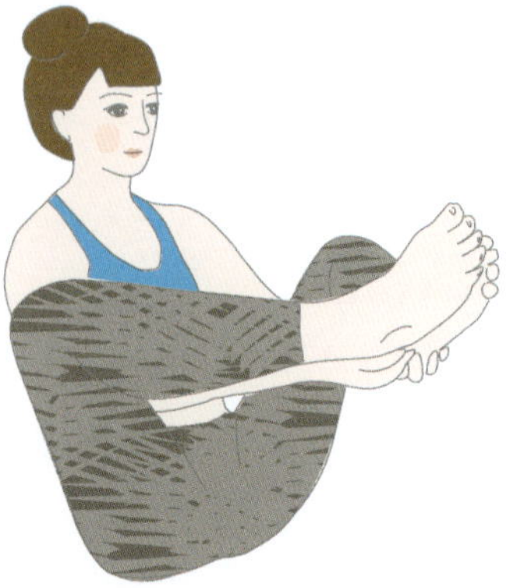

教练建议

您也可以将手放在脚踝上，抬得不要太高（例如，保持脚与肚脐同高）。

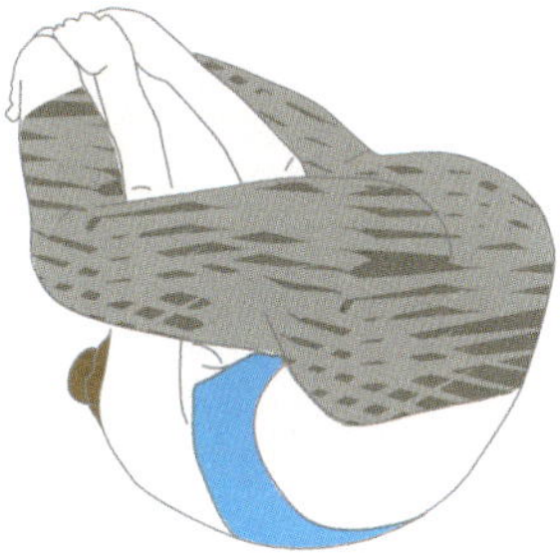

3.呼气时向后倾斜，胸骨后移。

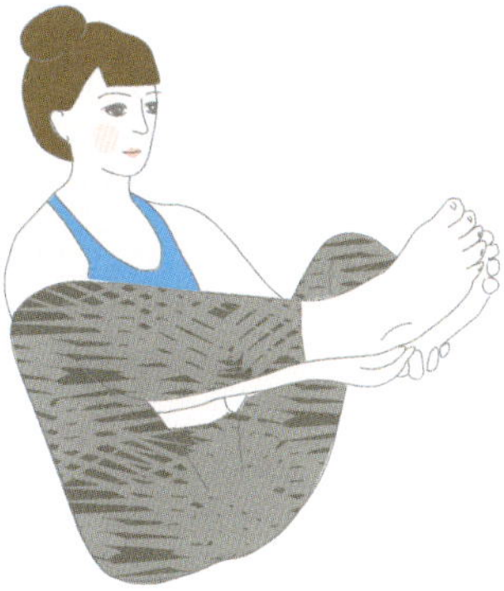

4.吸气时向前回正，脊柱伸展，恢复到坐骨支撑的平衡位置，然后回到坐姿。

桥 式（Bridge）

——基础动作

这个练习可以提高脊柱灵活度，强化腰部、下背部和腿部后侧。

1.仰卧，双腿弯曲靠近骨盆，双膝双脚分开与髋同宽，手臂置于身体两侧，手掌朝下。

2.用脚推地，骨盆微微后倾，双手压地。呼气时缓慢将骨盆抬离地面——**脊柱逐节向上**提起，尾骨、腰椎、胸椎缓慢离地，直到身体从膝盖到肩膀形成一条平滑的斜线。

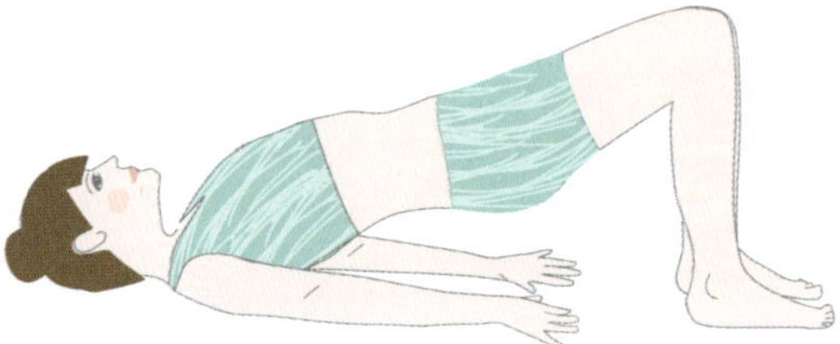

3.吸气时，**脊柱逐节**落下。最后，骨盆回到中立位。

4.重复练习6次。

教练建议

下巴内收以保护颈椎。抬起时不要过度挤压腰。呼吸抵至肋侧和后肋。

变体：脚尖支撑桥式

1.仰卧，双腿弯曲靠近骨盆，双膝、双脚并拢，手臂置于身体两侧，手掌朝下。

2.双脚推地，倾斜骨盆，双手压地，**吸气**时（与前一练习的第2步不同，那里是呼气）缓慢将骨盆抬离地面——**脊柱逐节向上**提起，尾骨、腰椎、胸椎缓慢离地，直到身体从膝盖到肩膀形成一条平滑的斜线。

3.到达桥式后，抬起脚跟，双臂举过头顶放在地面上。

4.呼气时**脊柱逐节**下降，同时将手放回身体两侧。

变体：手臂侧绕

基本与前一变体相同，但手臂不直接举过头顶，而是在地面上侧向画圈至头顶。回正时，手臂侧向画圈返回。以上一系列动作须在同一次呼气中进行。

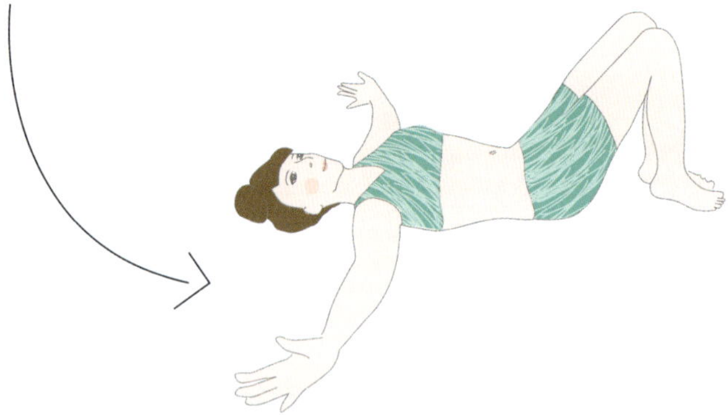

脊柱侧移

这项组合动作能提高脊柱的侧向灵活度，增强侧脚和手的协调性。

1.坐姿，双腿弯曲，脚平放，手放在膝盖上。

2.左手保持放在左膝上，右手抬到肩膀高度。**吸气**时想象用右手推墙，右腿外侧放在地面上。

3.以左脚为支点，将脊柱向右移动；左臂微微抬起。

4.吸气准备，呼气时回到起始位置时。在此过程中，右手臂和手掌保持阻力，脊柱在**呼气**过程中逐节回到中轴线位置。

5.换左侧重复同样的练习，整套练习重复3次。

坐姿螃蟹式平衡

这个练习适合在全套训练结束时进行，因为它需要充分热身。此外，它能使脊柱恢复到中轴线位置。

1.盘腿而坐，用拇指和食指像螃蟹钳子一样抓住大脚趾。

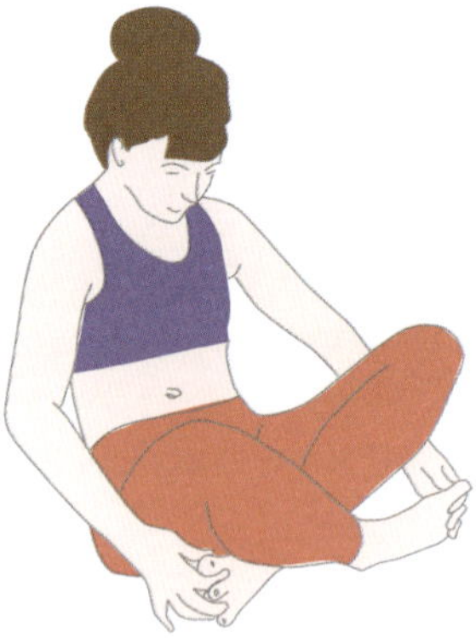

2.呼气时身体向前倾斜，尽可能低，肘部前推，远离肋骨。

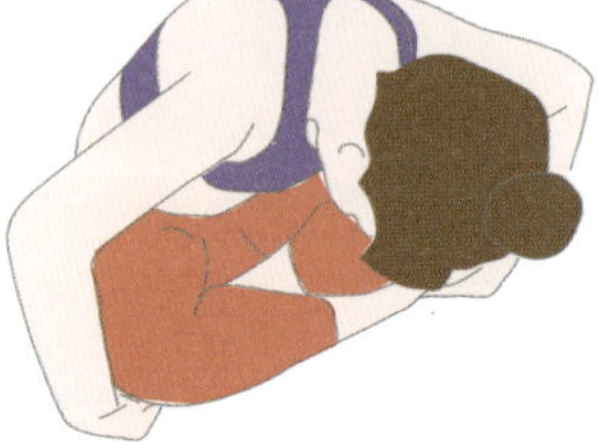

3.吸气时抬起躯干至坐姿，同步上抬双腿至膝盖与肩膀同高；**呼气**时向后滚动，背部成圆弧形。双腿**下落时吸气，抬起时呼气**。

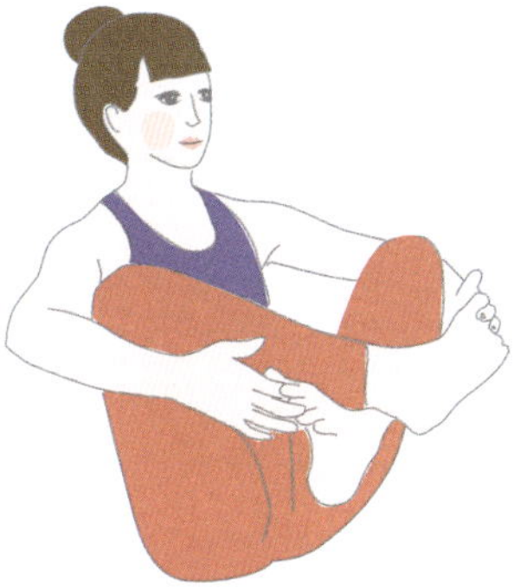

4.重复练习3次，上下交换盘腿后再练习3次。

5.以前屈姿势结束本练习，头部尽量贴地。

教练建议

呼气向后滚动时，主动让上背部后移，制造轻微的不平衡感，自然带动身体翻滚。